タオのマスターが教えるシンプルな生き方

新装版

問題は解決するな

Kan.

フォレスト出版

はじめに

もし今、生きることに違和感を抱いているなら、自分が周囲と調和していないと感じているなら、あなたはこう思っているかもしれません。

「自分に起こっている問題を解決しなければならない」と。

まず、その錯覚から覚める必要があります。

道は、そこから始まります。

毎日、あらゆる場面でさまざまな「問題」が、果てしなく起こり続けています。

しかし、それらを解決しようとすることは、無駄なことです。やめていいことです。

一時的に問題が解決したかのように見えても、必ずまた問題は起こります。

なぜなら、この地球で問題は起こるべくして起こっているからです。

等身大で、自分の生活を、職場を、社会を見てみてください。

すると、「やっぱり世界は矛盾だらけだ。だから、問題が起こるのは当然なんだ」

と気づくでしょう。

そこで問題を解決することに取り組むと、進むべき方向を取り違えてしまいます。

問題は、人が解決するのではありません。

では、人は何をすればいいか。

目を覚まして、日々起きてくる出来事とただ出会っていくことです。

社会がつくっているしくみにがんじがらめになり、眠らされている自分に気づくことです。

そうすれば、自分の中にある罪悪感や無価値感、怒り、怖《おそ》れ、悲しみ、そんな感情を、そのまま見てあげることができるようになります。

今は錆《さび》ついている自分の力を、思い出せるようになります。

そして、問題をそのまま受け止めて、解決せずに生きることを選べるようになります。

そうやって生きていくと、あなたの中に毎日を幸せに過ごせる種が見つかり、芽吹くかもしれない。

その種が見つかると、「あぁ、これでいいんだ」と必ず思えるようになります。そして、まったく新しい生き方が花開いていきます。

「誰かから教えられたから」ではなく、自分自身でその道を歩けるようになります。

だから、矛盾は矛盾のままでいい。

人生が矛盾でいっぱいだったら、順調にいっている。そうとらえてください。


問題を解決せずに、自分を開き、この瞬間とただ出会っていく。

そんな生き方は、あらゆるものとの「共振」を生んでいきます。この「共振」こそ、これから始まる未知の時代を生きていくための鍵になります。

自分の人生のもっとも大切なところに使うべき感性や力を、日常の中で問題解決に費やすほど無駄なことはありません。

あなたが心と体と感情のバランスをとり、宇宙と共振しながら生きていけるよう、この本を書きました。

この本は、あなたが生まれ持った力に気づき、この瞬間をハートで感じながら生きることを選べるように構成されています。

読み終えたところがゴールではありません。

読み終えて本を置いたその時、スタートもゴールもないと知るでしょう。

もしかすると、読み進めるうちにうまく理解できないと感じる部分があるかもしれません。しかし、それでいいのです。すぐ理解できたと思えることなど危ういと私は思います。

もし途中でわからないと感じる部分があれば、「保留」にしておいてください。そのまま持ち続け、時がくれば、きっと腑に落ちる瞬間が訪れるでしょう。その時まで、折に触れこの本を手に取ってください。この本は、そんなふうに読んでもらうための本です。

Kan.

第2章

人は、矛盾した地球に生きる矛盾した存在

第3章

「メイド・イン・地球」の自分で生きる

第4章

「今」と出会い、共振を起こす体をはぐくむ

第5章 感情という天気とつきあう

第6章 ハートはすべてを超える

第7章

ただ見る。真実は向こうからやってくる

※本書は2013年6月にヴォイスより刊行された同タイトルに、再編集・加筆修正したものです。

プロデューサー／水原敦子
カバーデザイン／小口翔平＋喜來詩織（tobufune）
本文デザイン／二神さやか
校閲／永田和恵
DTP／株式会社キャップス
編集協力／江藤ちふみ

本書に収めた書は、タオに伝わる「崑崙《クンルン》書法」による著者直筆の作品です。何が書かれてあるかはあえて説明していません。ただ見て、感じてください。

序章

「私」と出会う旅

脊髄損傷の治癒から、探求の旅へ

その夜、大学生だった私は病院のベッドに横たわり天井を見つめていました。

医師から「一生車いすの生活になるだろう」と宣告され、すでに一週間が過ぎていました。

ラグビーの事故による脊髄《せきずい》損傷。一瞬にして背骨は粉々に砕け、神経が切断されました。

体を動かすことのできない私にできるのは、病院の無機質な天井をただ見つめることだけ。……私は、人生に絶望していました。

その足音が聞こえてきたのは、午前0時を過ぎた頃のことです。

特徴ある足音は、まっすぐ私の部屋に近づいて来ました。

「部外者が入るはずもない病院で、こんな夜中に誰だろう」と、私は思いました。

足音は部屋の前でピタッと止まり、静かにドアが開いて、ひとりの老人が入ってきました。

会ったこともない、どこの国の人かもわからない不思議な老人です。

彼はなぜか私の名前を知っていて、「カン」と私に呼びかけ、こう言いました。

「今からひとつの行を伝授しよう。やるかやらないかは自分次第だが、やり続けたら、やがて、生命エネルギーというものが何か、わかるようになるだろう。そして、いつの日か宇宙の真実を全身全霊で理解するだろう」

言い終わると彼は、あるポーズを私に教えました。

そして、静かに部屋を出て行きました。


ほんの数分の出来事です。私は、呆然としました。

あの老人は誰なんだ。いったい今、何が起こったんだ……。

もちろん、いくら考えても、答えがわかるはずはありません。

そして、ベッドに寝ているしかない私にできることは、老人が教えてくれたポーズを取る以外に何もありませんでした。

そのポーズとは、両手を伸ばし、体の前で輪の形をつくるという簡単なものです。

一生歩けないと言われたのだから、彼が誰なのかを考えるよりも、もうやってみるしかない。私は、そう覚悟を決めました。

私は、その夜から来る日も来る日も、食事や睡眠、トイレ以外の時間は、休むことなくそのポーズを取り続けました。

一週間後、足先が動かせるようになりました。

そして一か月後、レントゲンの写真が劇的な変化を見せました。

ぐちゃぐちゃに砕けていた背骨がつながり始めていたのです。

切断されていた神経がつながり、体がどんどんよみがえってくる感覚を味わいました。そして、私は直感しました。

「これが生命エネルギーというものか。このエネルギーに関わることが、自分のライフワークになっていくだろう」と。

この直感通り、私の人生はその後、真実を探求する人生となっていきました。


老人から教えられた姿勢を取り始めた時、私は今までとまったく違う感覚が体の中を流れ始めたのを察知しました。そして、自分の知らなかった体の営みが人間にはあるということに気づきました。

人間の存在というものは、実は、子どもの頃から習ってきたこととは違うものによって支えられている。

そんな実感を、持つようになっていったのです。

ところで、老人が現れる前に、こんな出来事がありました。

病室を訪れた看護師さんが、私の足に熱湯をこぼしたのです。看護師さんが突然「あ、ごめんなさい!」と言うので、「どうしたんですか?」と尋ねると、「足に熱湯をこぼしちゃって」とあたふたしていました。

「えっ」と思いましたが、神経が通っていないので私は何も感じませんでした。

「そうか、熱湯をかけられても、もう何も感じないのか」と思いながら、ふと足元を見ると、感覚は何もないのに皮膚は赤く腫れ、ちゃんとヤケドをしているのです。

それを見て私は、「あぁ、細胞は生きているから反応するんだ」と思いました。そして、直感的に「大丈夫」と確信しました。

老人が現れたのは、その夜のことです。

「大丈夫」という直感がどこから訪れたかは、わかりません。

ただ、習ってきたことではない「何か」があるということを、その時の私は感じ取っていたのかもしれません。

確かに、老人が教えてくれた姿勢をとることによって、体の中に流れ始めたエネルギーは、それまで感じたことのないものでした。

そのエネルギーが流れ始めると同時に、私には一緒に入院している患者の状態が見えるようになりました。

たとえば手術をした人が、どのような経過でよくなるのか、あるいは、よくならずに悪化していくのか。その人のどこが悪いのか、そして、その症状は完治するのかしないのか。すべて手に取るように見え始めたのです。

一見症状が重いように見えるけれど助かる人、スムーズに快方へ向かうように見えて病気が長引く人。実は、医師の診断とは違う病気を患っている人……。

私は、親しくなった担当医に見えていることを話しました。

初めは半信半疑だった担当医も、私の言うことがことごとく当たるので、最後には驚くしかありませんでした。

退院するまでの一年間、私は自分や入院患者の経過を見ながら、身体のメカニズムについてじっくり学びました。

人生を変えたスペシャルな出会い

私は前半生を探求に費やし、世界中を旅してさまざまな人々に出会い、さまざまな経験をしてきました。

武術家、シャーマン（呪術師）、神秘家、そして、覚者、聖賢、マスターと呼ばれる人たち……。人に紹介してもらいながら、または、自分の直感だけを頼りに、世界各地を旅して、有名無名を問わず大勢の師から教えを受け、生活をともにして、秘伝、秘術と呼ばれる教えをマスターしていきました。

ある日、ひとりのシャーマンが私に言いました。

「カン。いよいよ君の人生のスペシャルな出会いが待っている」

「え？　どの国へ行けばいい？」と、私は尋ねました。

「それは日本だよ」と、彼は答えました。

日本と聞いて、私は驚きました。すでに日本全国を旅していた私には、新しく行きたいと思えるところはもう残っていなかったからです。

彼は、静かに語り続けました。

「特別な男が日本にやってくる。だから、君は日本に戻るべきだ。君は真実を求めていろいろな国へ行き、数々の秘教を受け継いだ稀《まれ》な人物だ。君が最終的に旅の目的を果たすのは、母国日本だろう」

私は日本に戻り、長く続いた探求の旅に答えを見つけました。

シャーマンの言葉通り、私は日本でマックス・クリスチャンセンと出会ったのです。

「私」という存在は、思考でも感情でも身体でもない

彼と私の間で起こったことこそ、「共振」でした。

マックスとの出会いによって、それまで私が出会ってきたすべてのものに光が灯りました。

まるでオセロが黒から白にいっせいに変わるように、過去の出会いや経験で自分なりに理解したと思っていたこと、まだピンと来ていなかったことがクリアになり、ひとつの深い理解へとつながっていったのです。

それまでの経験が次々に花開き、エネルギーの変化、身体の変化、人生の変化が起こり始めました。生きることそのものが一変しました。

日を追うごとに感覚が開き、いろんな能力がそれまでとは段違いの早さでついていきました。

はっきり理解できたことは、自分という存在が、思考でも感情でも身体でもないの

だということです。

そして、深刻なことは何もないということです。

自分がいて、世界がある。

自分がいて、相手がいる。

その前提が取り払われました。

主体者である「自分」は、実は存在しないこと。

「すべてがひとつだ」という言葉でも表せない、「ひとつ」を超えた「それ」であることがわかりました。

これは、お話や理想の世界ではない、紛れもない事実です。

これから世界に起こってくることは、本当に未知のことだらけになるでしょう。

その未知の世界を、どのように生きていくか。

何と共振しながら生きていくか。

そう考えた時、問題を解決するという表層の部分にとらわれていたら、大切なものを取り違えてしまいます。

では、問題を解決せずに、どのように生きていけばいいのか。

問題に取り組まなかったら、どんな世界があるのか。

これからお話ししていきましょう。

第1章

問題は「問題」ではない

問題にエネルギーを注ぐと、燃え上がるだけ

自分が何をすればいいかわからなくなったら、何もしないことです。

本当にそれが一番。来るべき時が来たら、物事は動きます。

しかし、人は何かをやるほうが楽ですね。何かに取り組むことは、迷うということにガソリンを注いでいるので楽なんです。

けれども、そこにエネルギーが注がれるから、さらに迷いは大きくなります。

初めはちょっとぎこちないけれども、何もしないでいる。

そうすると、迷いのほうにガソリンが行かないので、ニュートラルに戻ります。

では、問題に向けなかったエネルギーはどこへ持っていけばいいか。

それを考えるのは、あなたの役割ではありません。

人間は本来、消化すら自分でやっていないのです。

「いや、食べたものは自分の力で消化しているじゃないか」と言うかもしれませんが、

それは酵素の働きをはじめ、気の遠くなるような深遠な仕組みのなせる業です。たとえば、パンを焼く時に小麦粉や牛乳を混ぜて練るのは人間の役割ですが、発酵させるのは酵母菌の役割です。酵母菌の役割を人間がやろうとしても無理というものでしょう。人間の役目は、小麦粉や牛乳という矛盾したもの同士を出会わせることです。

人間が生きること自体、矛盾するものが出会うということ。だから、問題は起こる。何をどうしても問題は起こってしまうのです。

自分に起こったことだから、「どんな問題が起こっているのだろう」と見ることは大事です。でも、それが100パーセント。

何かをするのは、酵母菌や酵素。つまり、時間や空間の役割です。

人間の仕事は、「これとこれは、答えが出ないね」と知ることだけ。あとは、グリルに入った魚が焼けるのを待つように、時間が過ぎるのを待つしかありません。

魚を焼くのがヘタな人は、何かをしようとしてしまう人。魚を焼くのがうまい人は、グリルに入れたら焼けるまで火にまかせます。

魚を焼ける火になれるのなら、解決する能力があるなら、グリルに入れるまでもなく、問題はとっくに解決しているはずです。

いやなら、逃げる

「問題から逃げるな」とよく言います。しかし、逃げることも人生の大事なオプションです。逃げることは敗北ではありません。

危険だったら、逃げる。当たり前のことです。誰だって、大きな波が来たら逃げますよね。

「逃げるのは弱いヤツ」「ここから逃げても、また同じ問題が起こる」

それは、統率する側からの論理です。もっとナチュラルでいい。

危機的状況があったら、動物は逃げるでしょう?

「現実は、自分がつくっているのだから自分を変えればいい」

これも、よく聞きます。そんな考えからは、自由になればいいんです。

「自分が状況をつくっている」という考えに、とらわれないことです。

そう思う人は、「自分を変えなければいけない」という考えが根本にあるのでしょう。**自分なんか変えなくていいから、感覚を変えなさい**。私は、そう言います。

とにかく、「自分」が何かさえわからないのだから。

いやなら、逃げる。そこに付随するあらゆる思考からも、逃げる。自分を変えるのは、自分の役目ではありません。

森羅万象、変わらないものがありますか？

「自分はこれがダメだと思うから、こういうふうに変える」

そんなしくみは、この地球にはありません。

それなのに、なぜあえて、自分を変えなければいけないのでしょう。

自分と、自分の感覚を、もっと離してみてください。自分の感覚なんて、季節が変わるように変わるものです。

感覚が、他から持ち込まれた考えによって、こり固まってしまうことに気づいてください。その考えがどんなに立派でも、どんなに偉い人が言ったことだとしても、それがすべてだと受け入れるのはやめましょう。

「ごめん、逃げる」と言って、逃げてOK。

それで、したいことがなかったら、何もしなくていい。興味があることが出てきたら、その時やってみればいい。ただ、それだけです。

本当に困るまでは解決ゲームに参加しない

「逃げろと言われても食べていかなきゃならないし、仕事からは逃げられない」

これも、ひとつの大きな妄想です。発想が逆になっています。

人は生きていると、「自然に」何かをやるものです。けれど、生きるエネルギーがなくなってくると、「何かをしないと生きていけない」「仕事しなきゃ」と考え始めます。本当にそうかどうか、やってみればいい。

病気になった時は、「しょうがない」とあきらめますよね。他のことは何もせずに、体を治すことに専念します。

心が疲弊した時も、大事なのは何もしないことです。そのほうが、結局はやる気が出ます。そして、周囲の状況も、人との出会いも変わります。

それなのに、人は心に鞭打《むち》っていろんなことをやろうとする。そうすると、病気の体に鞭を打つのと同じで倒れてしまいます。

その結果、意に反して仕事を失うこともあるかもしれません。

大切なのは、自分の心の回復です。

抵抗しても苦しいだけ。「なんとかしなきゃ」にはまらないことです。

ネガティブな考え方かもしれませんが、これだけの人がいるわけだから、最悪、誰かが助けてくれます。

「でもお金がなくなって、ホームレスになって……」と、考える人もいるかもしれません。

しかし本当に困ったら、何とかやっていく自分がいるのです。

本当に困る手前の自分が、思考によって解決ゲームに参加するから、状況も自分自身もゴチャゴチャになる。自分のとらわれているところに居続けながら、なんとかしようとしてしまうから、さらに事態が悪化する。

無責任に聞こえるかもしれませんが、本当になるようにしかなりません。自分がどこまで困った事態になるのか、やってみればいいんです。

もし自分の範疇《はんちゅう》外のことが起こったら、怖いと感じるかもしれません。アンハッピーだと嘆くかもしれません。

それでも、起こっていることは悪くない。そうとらえてください。

人生の醍醐味は、未知に遭遇したところにある

問題や困難に取り組もうとする前に、自分に起こったことを受け入れる。

使い古された言葉ですが、「受け入れること」があるのとないのとでは、人生のあり方が全然違います。

受け入れるとは、ジタバタしないこと。

逆らったり抵抗したりせず、自分の身に入れるということです。

これは難しいことかもしれません。

なぜかというと、今までインプットしたものたちが邪魔するからです。

「もうダメだ」と思う時、にっちもさっちもいかないような状況になった時は、究極の「未知な状態」。怖くて怖くて仕方ないでしょう。

でも、それは既知の情報が自分の中にあるからです。自分が取り込んできた情報に振り回されて、ジタバタしたくなるのです。

たとえば、自己破産したとしましょう。

すると、「こんなことが起こるかもしれない、あんなことが起こるかもしれない」と心配します。しかしそれはすべて、人の話や本から得た情報です。

いざ自分が自己破産してみれば、意外に快適かもしれません。

「いいことだから」「悪いことだから」の「だから」を取ること。

当たり前のことですが、自分に起こっていることは、隣の人に起こっていることではありません。過去、誰かに起こったことでもありません。

自分に何が起こったかを見定めるだけで、問題は解決のほうへと半分進みます。

自分と問題を一緒にせず、引いて見るということ。そして、既知の情報を問題に当てはめないこと。それが、見定めるということです。

大きな問題が来ている。これほどのクライマックスは、ないじゃないですか。

ピンチの時は、「ああ、こんなことが自分に起こった。他の人はどうかわからないけど、自分ならどうする？」と、感覚を総動員して自分に投げかけるのです。

ただし、そこで「どうすれば？」に陥らないでください。

ただ、受け入れて、見定めることです。

人生の醍醐味は、未知に遭遇したところにこそあるのですから。

痛い時は、痛がればいい

痛みや病気があれば、仕事やお金を失えば、人間関係に傷つけば、「問題だ」とみな考えます。しかし、それはただ「起こっている」だけです。

私たちが体験できるのは、正確に言えば「問題」ではありません。永遠に「プロセス」だけです。

しかし、誰もが「問題が起こった」と錯覚します。

そして、解決しようという架空の現象に乗っ取られてしまうのです。

誰かが、「これは、解決しなきゃ」と入れ知恵しなければ、それはただ「起きている」ことにすぎません。

そもそも、問題そのものが、「ない」のです。

それなのに、たとえば病気になった時、人は治ろうとしてしまう。

ベクトルとして、それは必要かもしれません。もちろん、「病院に行くな」と言っているわけでもありません。

ただ、ケガにしても病気にしても「今」治るわけではないですね。

たった今起こっているのは、「痛い」ということや「不快だ」ということ。

そうであれば、痛いのだから痛がればいい。

解決しようとするその前に、「痛み」をきちんと味わわなければいけないのです。

しかし、痛みを味わう前に先回りして病院に駆け込んだり、薬を飲んだりする。

「これは、いや！」と解決のほうに急ぐと、痛みと向き合う時間がありません。

痛みを拒否するのではなく、まず感じること。味わうこと。

そうすると、「これは、いつもの痛みだ」「これは、経験したことのない痛みだ」とわかる自分になっていきます。

痛みを病院にまかせ、信奉している誰かにまかせる。それは、おかしいことです。

痛いのは自分自身なのに。

自分に起こったことを、まず自分が味わう。対策は、その次です。

味わった上で行動したら、それが「今」になります。

自分の痛みを、自分の言葉で語れるようになります。

結局は、そのほうがどんなことも絶対いいほうに進んでいくのです。

波のないサーフィンはおもしろくない

生きていれば、大きい波、小さい波、いろんな波がやってきます。

人生は、その波を乗りこなすサーフィンのようなものだと思ってください。

とてもエキサイティングな楽しい遊びです。

遊びの主体は、波そのものや、他人や、過去にあるのではありません。

あくまでも、遊びの主体は自分自身です。

自分が主体なら、遊びの途中で足りないものがあれば、自分でそれを増やせばいい。

何かに縛られ始めたら、手放せばいい。

そうやって、ほどよいところでサーフィンができます。

「波が次々に来るのは怖いから」「安定が一番だから」と、まったく波の立たないプールでサーフィンしたとして、楽しいでしょうか？

それでは、サーフィンそのものが成り立ちません。

海に波がなくならないように、人生においても波風はなくならないものです。

波が立つたびにバランスを取って、波に乗っていく。

それが、安定ということです。「不安定」を使いこなすことが「安定」なのです。

不安定な波が来た時に、自分という原点を忘れないでいること。

大きな波が来たら、その波と一体になって乗りこなす。

小さい波だったら、小さい波なりのバランスを取る。

「大きい波が来るのはいやだから、どこかへお参りして開運しよう」などと言っていると、いつまで経っても何も会得できません。

サーファーが、「大きな波が来るのはいやだから、小さい波が来るようお願いしよう」と言いますか？

逆に、大きい波を乗りこなすことだけに執着したり、人より大きい波に乗ったということに価値を見出《みいだ》すようにはならないでください。

人に勝とうとし始めたとたん、勝ち負けの世界に突入し、遊びが苦行に変わります。

波と一体になり楽しむことが、人に勝つことにすり替わってしまうからです。

人生という名のサーフィンを、この一生の間に楽しみましょう。

あきらめると、新しいことが始まる

「あきらめる」というのは、一般的にはいい言葉ではないかもしれません。けれど、あきらめることは、とても大事なことです。

「なかなか、あきらめきれない」という状況は、ちょっと厳しい。「あきらめてはいけない」という呪縛にひっかかってしまっているのですね。そこにからめとられていると、いつまでもダラダラと同じところで堂々巡りをすることになるでしょう。

いったん、すべてお手上げ状態にしてあきらめる。これは、強いことです。

新たに物事が始まり、展開していきますから。

「では、開き直ればいいんですか?」と聞かれることがありますが、少し違います。「開き直る」という姿勢には、演出が入ります。水平次元から、自分でない存在を借りてきて、違う人格になるというニュアンスが加わります。

「あきらめる」ことは、別の何者かを連れて来ません。

自分自身が疲労困憊《こんぱい》し、憔悴《しょうすい》し切る。降参する。

この「お手上げ期間」がとても大事なのです。

自分の領域外のことが自分に響いてきた時は、私も「お手上げ」になります。

たとえば身近なことであれば、天候の変化や交通機関の遅れ、ちょっとした日常のアクシデントなどが起こっても一切参加しません。とにかく、何もしません。

昔、普段の生活すべてが完全に「お手上げ状態」になり、何もしないで数か月寝てばかりで過ごしたこともありました。

本当に何にもしない。食事も最低限しかとらず、散歩にも行かない。本も読まない。瞑想も運動もしない。人とも会わない。

ひたすら眠かったので、ずっと寝ていました。周りの反応など、一切気にしません。

何もやらないのですから、時が来るのを待つなんてしません。

まるで、屍《しかばね》。サナギか冬眠中のクマのようなものです。それでも、みごとに「始める時」がわかるのです。その時が訪れ、私は起き上がって行動を始めました。

自分のことは自分が一番よく知っています。

それが、人間というものです。安心して、あ、き、ら、め、てください。

「瞬間完結」で生きていく

なぜ人はあきらめることが、なかなかできないのでしょうか。

それは、「時間は連続している」という観念を持っているからでしょう。

本来、それぞれの瞬間は独立して存在しています。つながっているわけではありません。

独立した瞬間は連続して過ぎていくので、つながっているように見えますが、瞬間と瞬間の間には、「間《ま》」があるのです。映画フィルムの1コマ1コマの間には隙間があるのと同じ。「一瞬」というカットがつながって、ひとつのフィルム、作品になっているようなものです。

この三次元では、それらの瞬間が過去・現在・未来と順番に流れているので、みな錯覚を起こしています。「時間はつながっている」と勘違いするから、いろいろなものを持ち越してしまうのです。

Aという瞬間に起こったことを持ち続けても、次のBという瞬間は独立したものなので、まったく意味がない場合も多々あります。

ひとつの出来事が2コマ、3コマつながっている場合も、時にはあるかもしれませんが、必ずインターバルはあります。

だから、行き詰まったら、さっさとあきらめることです。

たまに、十年も二十年も前の、子ども時代の1コマを大事に持ち続けている人がいますが、きれいさっぱりあきらめたらどうかと思います。

あきらめることで、起こるべきことがちゃんと起こってきます。

もし、昔の1コマの続きがやって来た時は、またそこで受け止めればいいじゃないですか。

あきらめるべき1コマをいつまでも持ち続けていると、目の前に起こっていることに対して、おろそかになってしまいます。すべてが後手後手になっていきます。

だから、毎瞬毎瞬、完結していくこと。

そして煮詰まったら、サッとあきらめること。

つまり、「瞬間完結」で生きることです。

事実と思い込みをきっちり分ける

一瞬一瞬が、そこで完結していることがわかると、記憶がいかにあいまいなものかということが理解できてきます。

私たちは、過去の記憶を大切に持ち続けていますが、自分が「記憶」だと思っているものは、簡単にはがれるものだとわかってきます。

たとえば、家族や古い友達と、過去の出来事について話してみてください。

ひとつの出来事について5人で話したら、5通りの見方があるはずです。

それらの見方は、5人にとってはそれぞれ事実なのですから、わざわざ誰が正しいかを議論してひとつにする必要はありません。

起こった出来事がそれぞれの視点によって、違うストーリーになっているだけ。

どこかに、ひとつの真実があるわけではない。あえて言うなら、その人にとってはすべて「真実」であり、それ以上でも以下でもありません。

もしあなたが、誰かの一言に深く傷ついていたとします。

しかし相手は、その一言に何の悪意もなかったかもしれない。それを事実としてとらえれば、ずっと傷ついている必要はなくなります。

たいていの人には、ひとつの出来事に対して、事実と思い込みの癒着状態が起こっています。そして、思い込みのほうに足を取られているのです。

自分に起こる出来事と本当に出会う作業、受け入れる作業が進んでくると、「事実」と「思い込み」がきっちり分けられるようになります。

すると、思い込みに関してはまったく悩まなくなり、事実については、距離を持って見られるようになります。思い込みが消えると、事実を本当に「見る」ことができるようになるからです。**思い込みと事実を振り分ける時は、ノートに書き出してみる**といいでしょう。

ページを左右に区切って、片方に事実を、もう片方にはそれ以外のこと、推測や思い込みを書いていくのです。

事実は読む価値があります。しかし推測や思い込みは、人生に入れる価値のないものです。それらに関わるほど、人生は長くありません。

たとえば、「○○さんに○○と言われ、腹が立った」という事実があったとしましょう。「言われた」のも「腹が立った」のも事実です。

しかし、それが「○○さんが言ってたよ」という伝言だったり、「○○さんは、○○と思っているに違いない」という想像であれば、どちらも推測です。

頭の中で、この作業をやろうとすると混乱します。ですから、もやもやした思いを書き出して脳の外にいったん出しましょう。実際に書いてみると、自分がいかに推測や思い込みという「尾ひれ」にダメージを受けているかがわかるはずです。

また、本当に解決するべきことなど何も起こっていないということも、見えてくるはずです。

単純に、淡々とやるべきことをやっていればそれでいいのに、不要なことにからめとられ事態を複雑にして、「渦中の人」になっている。時間に追われ、「いい人」になろうと空回りしたり、見えない何かと戦ったりしている。

事実と思い込みをしっかり仕分けすれば、そんな自分に気づくことができます。

「習ったこと」から「備わっていること」へ

問題を解決したいという気持ちは、「自分由来」ではありません。

「問題は解決しなければいけない」と習ったから、そう思っているだけです。

習ったということは、他の誰かが考えたということ。

自分の人生の大事な時に、誰かの考えたことに身を渡すのか。

それとも、自分の本体、宇宙の部分で生きたいのか。

生き方は、そこで二つに分かれます。

今、毎日の出来事のほとんどが、「習ったこと」によって起こっているはずです。

これからは習ったことから、「備わっている」ことへシフトしていくこと。

そうすれば未知に出会った時に、備わっているものが、まったく既存にはないものが、自分から出てきます。

しかし現代に生きていると、備わったものを一回も使わずに終わる可能性も大いにあります。一回も使わないで終わるのは、「ない」ということと同じです。

備わったものを使うために、習ったことをどうやって自分からはがしていけばいいのか。それは、どの時代、どの国へ行っても通用するように生きることです。

時代や国が違えば、つまり時間や空間が違えば、「常識」はまったく変わります。大げさに聞こえるかもしれませんが、もしタイムスリップしたとしたら、自分では普通にしているつもりでも、犯罪者になることだってあります。

現代でも、それは同じです。国が変われば、ちょっとしたボディランゲージひとつでも、まったく違った意味になります。海外へ行けば、「イエス」と頷《うなず》いたつもりが「ノー」の意図に受け取られて、大変な目にあったりすることなど日常茶飯事です。習って身につけたものなど、違う土地や違う時代に行ったら、まったくあてになりません。

今まで身につけたものをすべてきれいに手放して、それでも備わっているもの。これは、どんな場所に行っても通用します。いつ、どんな時も、通用します。

では、私たちに備わっていることとは何か。

国境も時代も関係なく、人類が共通して生まれ持ってきたものとは何か。

たとえば、赤ちゃんの笑顔を見たら、誰もが思わず顔をほころばせます。また、赤ちゃんがベッドから落ちそうになっていたら、とっさに手を差し伸べます。ケガをしそうになった赤ちゃんを放っておくことは、どんな人でもまずできません。

もし「赤ちゃんを見ても可愛いとは思えない」「助けようとは思わない」という人がいたら、それはあとから「習ったこと」です。命を愛《いと》おしいと思う性質が、私たちには備わっています。

さらに、たとえば、国籍も育ち方もまったく違う人たちが、一緒に朝日を見たとします。表現の仕方はさまざまかもしれませんが、その時、朝日の美しさに感動する心が、誰にでも備わっています。これらは、誰かに習ったり教えられたりしなくても、生きている人であれば通じ合う感覚です。

人は、誰でもその感覚を持って生まれてきたのです。

周りから教えられたこと、いつの間にか自分が取り込んできたこと。

それらを解除して、根源にあるもの、備わっているものを発見して生き始めた時、そこに共振が起こり始めます。

問題に取り組まないことに、真剣に取り組む

地球を眺めてみると、「自分」という意識を勘違いして、誰もが右往左往しているように見えます。

本来の自分の外側にある、コロコロ変わる意識のベール。多くの人は、その移ろいやすい「ベールの部分」が自分だと思い込んでいるようです。

自分を勘違いするとは、どういうことでしょうか？

夢の世界なら、意識が変われば場面が変わります。しかし現実では、意識が変化しても、自分が体験する出来事はすぐには変わりません。だから、意識が変わっても、「いつもの自分」が保たれているとごまかされてしまいます。そして、何の自覚もなく、その時の感情に翻弄されたり、よけいな自意識に踊らされたりしてしまいます。

つまり、起きている間じゅう、ずっと無意識に「ベールの自分」で、行動したり、物を感じたり、考えたりしているということです。

考えてみれば、これは大変な勘違いです。

時には、そんな自分を何とかしなければと、セミナーを受けたり、いろんなエクササイズに取り組んだりする人もいます。しかし、その努力は、単にベールの部分を強化する結果で終わっている場合も多いようです。

けれども、逆説的ですが、**「ベールの自分」を自覚できれば、それだけで「自分意識」になっていけます。自覚することで、本来の自分の存在に気づけるのです。**

ただし、そのあとで決して「自分探し」をしないことです。自分探しをしているうちは、何も起こりません。誰も出てきません。私は、世界中を回って探求の旅を続けてきましたが、結局それは、「探求を落とすための探求」でした。

一番大事なのは、「取り組まないこと」。

どうすればいいかと言うと、ただ「見ている」ことです。

自分の身に起こったことをちゃんと受け入れ、湧き上がる感情を遮断せず、しかし、そこに巻き込まれず、ただ「見る」。

それができた時、見ることのすごさが浮かび上がってきます。

人には解決する能力が備わっていない

物事を「見る」能力は、人間にもともと備わっている力です。

一方、「解決する」という能力は、人間には本来備わっていません。

だから、本当は問題を解決しようとするほうが、人間にとって違和感があるはずなのです。しかし、違和感を抱きながらも、人はなんとか解決しようと躍起になります。

解決を目指して人に行動を起こさせるのは、不安や恐怖です。

「見る」という行為は消極的に感じられるので、自分で何かをしたくなるのです。

その思いを我慢して、「見る」という行為を入れてあげましょう。すると、自然に行くべき方向へ進んでいきます。

しかし、起こった出来事を等身大で見ることは、難しいということも覚えておいてください。

たとえば、ある戦争で亡くなった兵士の多くが「ショック死」だったというデータがあります。実際の傷は致命傷ではないのに、「自分が撃たれた」という事実がショックだったあまり、心臓が破裂したり出血多量になったりして、命を落とす兵士が多かったのです。

つまり「撃たれた」という事実が、「大変なことになった。何とかしなきゃ！」というパニックを起こし、そこから、さまざまな連鎖を一気に引き起こしてショック死にいたってしまったというわけです。

これが戦場でなければ、もし手や足を撃たれたとしても、多くの人が「致命傷にはならない」と冷静に判断できたはずです。戦場というファクターが加わることで、恐怖や混乱が増幅されてしまったのです。

このように、人は起こった出来事を自分でフィクションにしてしまい、そこに巻き込まれています。**本当はロウソクの炎ほどの大きさなのに、あたかも大火事が起こっているように受け取って、右往左往します。**

それが、人生を重たく、深刻なものにしてしまっているのです。

どんな状況が来ても、まず冷静に起こったことを等身大できちんと見ること。眺めることです。ただ、見てみる。そこからあらゆることが始まります。

「なりたい自分」を目指さない

人間には本来、よりいいものをクリエイトしていきたいという性質が備わっています。

「よきもの」を創造していくのは、誰にとっても快感です。

だから、どんどんやるべきです。

しかし「やらなければいけない」わけではありません。

本当のクリエイトをシンプルにやる。それが、すべてです。

そのスタートラインに立つために、今、自分がどうでもいいものに巻き込まれていること。それが「普通」になっていることに気づいてください。

気づくだけでいい。その状況を解決しようとしないこと。

また、完璧になろうとしないこと。

地球上で体を持っている人間である限り、地球の中で問題解決をした人は一人もいません。

たとえ自分の力で問題が解決したように見えても、それは、ただ時間が過ぎただけ。

何かをやることで、悟ったり、問題解決したり、完璧になったりできると思い込むのは、ただトリックにだまされているだけです。

「なりたい自分になる」というスローガンも、また幻想です。

「なりたい自分」をつくったとたん、「なれない自分」をつくり出して、流れを必死で逆行するような生き方になります。


「なりたい自分」がやりたいことは、結局、人との比較や過去、そして、教えられたことに巻かれたままの自己主張にすぎません。

だから、どんなに「自己実現」したとしても苦しいし、いつまで経っても、満足は得られない。そして、実績を積めば積むほどそれを失いたくないと思うので、ますます苦しくなってくる。そして、過去をむなしく自慢する人になってしまう。

経験は、捨てるためにあります。


積み上げたものを死守する必要は、どこにもありません。

守りたいという思いが生まれるのは、それが本当のクリエイトではなく、それが苦し紛れに生まれた自己主張にすぎないからです。

何も持っていなくていい。何もしなくていい。

人や、未来や、教えられた何かのために、生きなくていい。

そのまま自然の発露として、その瞬間、何かをクリエイトしたいという気持ちから、毎瞬毎瞬動いていく。

それで、大丈夫です。

そこから表現したものが、隣の誰かの表現したものとダブることは絶対にありません。

これは、「本来の自分自身になりなさい」という陳腐なあり方とは違います。

「自分自身になる」とは、いかに自分が小さいかと気づくこと。

「自分自身」になるのではない。

自分の可能性を、果てしなくどこまでも開いていくということです。

そうでないと、生きるということはおもしろくありません。

自分の願望を検証してみる

もし今、あなたに「なりたい自分」があったとしたら、それはどこから生まれた「自分」でしょうか？　その願望を、自分がどのレベルから願ったのかということを、一度よく考えてみましょう。

多くの人は、自分の願望は、本当の自分の声だと思っています。しかし、そうではないことも多いものです。もしかすると、あなたの「なりたい自分」は、こんな思いから生まれたものかもしれません。「ほめられたい」「いい子でいたい」「尊敬されたい」「認められたい」「人に勝ちたい」……。

もしそうであれば、それらは誰かから刷り込まれた「メイド・イン・教育」の願望です。自分以外のものにそう思わされただけのことです。

そこには、「人から評価されたい自分」という影が潜んでいます。そして、その奥には、劣等感が見え隠れしています。

劣等感から生まれた願望をたとえ実現したとしても、インプットされた世界、人から評価される世界から出ることはできません。

「こうありたい」というその思いが、自分のどこから生まれたものなのかを掘り下げてみてください。

たとえば、子どもがおもちゃを欲しがる時は、本当にそのおもちゃが欲しいとは限りません。ただ、親の関心や愛情、つまり親のエネルギーをもらいたいがために主張していることもよくあります。

だから、**見境なくおもちゃを買い与えると、子ども部屋が使わないおもちゃでいっぱいという現象が起こります。**

大人にも同じことが言えます。誰かが「これが欲しい」「こうなりたい」という時、冷静に見ると「メイド・イン・教育」の自分が、何かのエネルギーを欲しているにすぎないのです。引き寄せや願望実現のテクニックを使って無自覚に願いを叶《かな》えようとすると、要らないものばかりを、刹那《せつな》的に引き寄せることになりかねません。

「なりたい自分」を目指す病から、早く自由になりましょう。

地球は、せつない星だと知る

「私なんて、全然ダメな人間だ」「自分には価値がない」

そういう自己否定は、よくないものだと一般的には言われています。

しかし私は、「自分はダメだ」と思うことは、とても重要な気づきだと思います。

変な自信や自己肯定感を持つよりも、今後変われる可能性が大きいからです。

そもそも、地球という星自体が幸せな星ではなく、どこから見てもせつない星ですから、そこに生きる人間も少し自信がないくらいでちょうどいいのです。

地球がせつない星だと言うと、違和感を持つ人もいるかもしれません。

「だって、こんなに美しい自然があるじゃないか」「人と愛し合うことができるじゃないか」と。

しかし、どんなに愛し合った人とも、いつかは必ず別れなければなりません。

どんなに美しい瞬間があったとしても、それは必ず失われてしまいます。

また、正しい者が必ず報われるとは限りません。

何より、どんなに幸せな人生だったとしても、誰もが必ずこの星を去っていかなければなりません。どんなにお金やものを手に入れたとしても、この星を去る時は何ひとつ持ってはいけません。

幸せな瞬間と、身を切るような別れ。誰もが等しく、その二つを体験します。

さて、この星のどこがハッピーなのでしょうか。

私は、素直に「せつないなあ」と思います。

せつないものをせつないと思う。そして、自分自身なんて、ちっぽけでたいしたことのない存在だと思う。

しかし、すごくせつなくて、すごくはかない存在だからこそ、その反対側も素直に浮かび上がってきます。

花が一輪咲いているその一瞬が、最高に光る時間になり、愛し合うその体験が、得も言われぬ美しい瞬間になります。

せつないということは、それだけ幸せな瞬間があったということです。

愛する人や動物との別れ、好きな物事や時間との別れにせつなさを感じるのは、それだけ別れがたきものがあったということです。

人は、幸せも、せつなさも、織り込み済みで生まれてきています。

生きるということには、喪失のつらさや別れの悲しみもあらかじめセットされてい

るのです。だから、そのせつなさを無理に解決しようとしたり、乗り越えようとしたりしないことです。

悲しみもせつなさも、受け止めて、あきらめて、進むことです。

そうすれば、幸せだった時間がきちんと浮かび上がります。

悲しむのはいやだからと、誰にも出会わず、誰も愛さなければ、別れのせつなさを味わわずにすむかもしれません。その代わり、ずっとひとりぼっちです。

もちろん、そんなフラットな生き方を選ぶこともできるでしょう。

しかし、どんなに自分がせつなさを拒絶したとしても、いつかは自分がこの地球と別れるせつなさを味わわなければなりません。何よりも、そんな人生を充実しているとかおもしろいと思える人はいないでしょう。

であれば、このせつない星で生きる限られた時間に、出会いと別れ、幸せとせつない時間の両方を思い切り味わいつくせばいい。

それが、生きるということです。

第2章

人は、矛盾した地球に生きる矛盾した存在

本当の「今、ここにいる」とは？

「今、ここにいる」という言葉があります。

厳密に言えば、この言葉は正確ではありません。

人が認識したことは、意識したその瞬間「ちょっと過去」になります。具体的になった時点でその経験はもう終わり、次の瞬間に移っているからです。この本では便宜上「今」と書きますが、それは「ちょっと過去」だととらえてください。

「今、ここにいる」こと自体、本当はあり得ない。

「本当の今」というものは、「過去」「現在」「未来」の「現在」のことではありません。**〝今〟という時間と〝ここ〟という空間を、超えることなのです。**

「今」という瞬間にいようと、こだわっていてもしょうがない。

純粋に、ただ味わっていればいい。

しかし人は「今」にこだわり、そして、目の前の問題を解決しようとする。

そうすると、永遠に「ちょっと未来」と「過去」に縛られることになります。

「今」は「ちょっと過去」だという認識と、「解決しない」という姿勢があれば、べクトルはおのずと進んでいきます。

行き先を取り違えることはありません。

「すべては、ちょっと過去なんだ」と認識できることは、強いことです。なぜなら、今を必要以上にデフォルメして、パニックに陥らずに済むからです。

パニックに陥ってしまうのは、結局、「今」と「記憶」にとらわれてしまっているということ。過去に教え込まれてきたことによって状況を脚色し、起こっていることを誇張する。そうやって、状況に負けているのです。

本来のあなたは、「記憶」ではありません。

未来に対してリラックスした時にいる「それ」です。「それ」を「自分」と呼ぶと言葉が一人歩きするので、あえて私は「それ」と呼びます。

未知に対してリラックスすることを、「未知に対して開く」と言い換えてもいいでしょう。

本来の自分、「それ」は、常に怖れから自由な存在です。

そして、新しいものに対して開いている存在です。

人間には、真逆のものが同居している

人は本来、未知に対して開いている存在です。

未来はおもしろい。そう思える存在です。

しかし私たちは、過去の記憶や未知に対する先入観に乗っ取られてしまう。

だから世界をありのままに見られずに、未来に対してすくんでしまうのです。

問題が起こると想定して、震え上がったり萎縮したりしてしまうのです。

怖れや不安から未来を先取りして、「ああしよう、こうしよう」とシミュレーションすると、自分とは違うものをまとってしまうことになります。

繰り返しますが、あなたは「記憶」ではありません。

自分が記憶ではないと気づけば、未知に対して恐怖や緊張を抱かなくなります。

そして、ありのままの自分でいられます。そうすれば、そこにはとてつもない期待感に満ちた「何か」があります。

しかし同時に、人間という存在には、未知への希望とは逆のものが同居していることも知ってください。それは、サバイバル機能としての恐怖です。

我々は、この三次元で生き延びていかなければなりません。

だから、サバイバルのための恐怖を誰もが持っています。未来に対して開かれていながら、体には恐怖がすでに備わっているのです。

もし体に根ざした恐怖がなければ、高い崖から飛び降りたり、超高速で車を走らせ事故を起こしたりする人が、どんどん出てくるでしょう。危険を危険だと感じられなければ、人はすぐに命を落としてしまいます。恐怖心があるから、人は生き延びることができるのです。

このように、私たちには互いに矛盾する真逆のものが同居しています。

ここに、地球というこの星、私たちが生きる三次元の原理があります。

地球もまた、相反するものが同居する矛盾した星です。この星には愛を讃《たた》える人たちがいる一方で、どの時代にも戦争を繰り返してきました。昼と夜、天と地、右と左、男と女……。二極に分離しています。私たちはもともと、矛盾した世の中に生きる矛盾した存在なのです。だから、問題は起こって当たり前。解決しようとしなくていい。ただ生きるだけでいいのです。

人は愛を説きながら、「軍事システム」を作動させている

人間という存在そのものがすでに矛盾しているとは、こういうことです。

たとえば聖職者が、私たちに愛を説きます。彼等は、常に真剣に、本気で愛を説いているはずです。しかし、愛を説くその体を支えているのは何でしょう。

免疫機能という「軍事システム」です。

最新型ミサイルのように、免疫はウイルスを迎撃します。

口では愛を説きながら、体は常に免疫システムを作動させ、ウイルスを駆逐している。生き延びるために弱いものを滅ぼし続けている。その体で、「愛が大事」と言っている存在。それが人間なのです。

この矛盾を解決しようと思わないこと。

これは、答えを出せる問題ではありません。

人間の体にある七つのセンターも、この矛盾を見事に表しています。

骨盤基底部、丹田、みぞおちにある、下三つのセンターは、体の生存機能、つまりサバイバル機能を司《つかさど》ります。一方、のど、眉間、頭頂部にある、上三つのセンターは、宇宙とつながる霊性や愛と関わりがあります。

そのどちらにも属していないのがハートです。

上のセンターと下のセンターの機能、どちらが勝ってもうまくいきません。

では、どうしたらいいいか。

矛盾の中で生きながら、ハートを見つけていくこと。ハートを感じていくことです。ハートがこの相反する二つの性質のバランスを取り、つないでくれます。

ただし、それは「ハートを感じよう」「ハートで生きよう」というスローガンをかかげることではありません。

うそをつかないところから、ありのまま生きることです。

そのように生きた時、ハートと調和するあり方がおのずとにじみ出てきます。

それは、この三次元に生きながら、「この世は三次元だけではない」と感じられる瞬間になるでしょう。

この何とも言えず奥深い瞬間。その瞬間は、人の世で喜怒哀楽を味わいつくし、本当に生きてみなければ出てこないものです。

「頭」「ハート」「体」の三つのセンター

センターは、三つの機能に分かれているとお話ししました。

これらを、「頭」「ハート」「体（丹田）」の三つのセンターとしてとらえる伝統もあります。

頭は未来志向で、あらゆるものと調和して愛や霊性を開きます。

体は過去の集積であり、この地球で生き抜いていくエネルギーを支えます。

矛盾する二つの性質が同居する人間に、さまざまな問題が起こるのは当然のことです。三つのセンターを切り離しながら生きるのではなく、切っても切れない関係にしてください。

では、どうすればいいのか。

体も、頭も、ハートも、生命を持っています。「生命を持っている」とは、それぞれに、エネルギーの中枢、エネルギーセンターがあるということです。

未来に対して開いていくために、それぞれのセンターのバランスを取っていくのです。

それには、まず頭と体をひとつにすること。

そのために、「今」ということの瞬間に起こっている感情を遠ざけることなく、ハートで味わいましょう。体を修練し、手入れをきちんとして、頭を過去ではなく未来へ向けて使いましょう。

その時、三つのセンターのバランスが整っていきます。そして、花が開くようにハートが開き、「今」という感覚が浮かび上がってきます。

ハートは、「これはいい」「これは悪い」と判断しません。

物事をジャッジするのではなく、ハートで感じること。

それが、一番大切なことです。

ハートだけに、体だけに、頭だけにとらわれない。

人によっては、ハートと感情を一緒にした感覚で生きる人もいます。しかし、ハートは、頭と感情と体のバランスが取れた分だけそこにあるものです。

三つのセンターをつなげてバランスよく機能させていくことが、この地球で生きる鍵となるのです。

昆虫は人間よりも「宇宙に適《かな》う生き方」をしている

人間には三つのエネルギーセンターがありますが、昆虫には、体というひとつのセンターしかありません。

ひとつのセンターで生き物としての機能をすべてまかない、そのセンターをまっとうして生きています。

だから、彼等は地球に悪さをしません。

完璧に地球と融合しています。

しかし今、我々人間は三つのセンターがバラバラに切り離されています。

それどころか、そもそも各センターがきちんと機能すらしていません。

三つのセンターの中で、自分の作動させやすいセンターだけに頼って、あとの二つは申し訳程度にしか使っていない人がほとんどかもしれません。

たとえば、頭だけに頼って生きている人は、ハートで感じたり、体の感覚を大切にしたりすることをほとんど忘れています。体の感覚を重視している人は、体こそがすべてと思い込んでいます。

メインで使っているセンターの種類によって、「頭人間」「体人間」「感情人間」のどれかになっている人が多いのです。

ひとつしかないセンターをまっとうしている昆虫と、三つあるセンターを使いこなせていない人間と、どちらが地球ときっちりコラボレーションしながら生きているでしょうか？

言うまでもなく、昆虫のほうです。

人間も、自分に備わっている三つのセンターをまっとうに機能させて生きていれば、おのずと地球に合った生き方ができてきます。

私たちが住む地球という星は、単体で存在しているわけではありません。大きな宇宙という体験の中に存在するひとつの星です。

だから、地球という場所にきちんと当てはまる生き方をしていけば、それは自然に、宇宙に合った生き方になっていきます。

自分に備わっている機能をすべてまっとうさせていけば、地球に適《かな》い、宇宙に適って、生きることができるのです。

三つのセンターのバランスを取る

私たちが、頭、ハート、体の三つのセンターをどのように使っているのか。

それを知るために、自分と自分の周りの人を観察してみるところから、スタートしてみてください。

人は、それぞれ三つのセンターのどれかをメインにして生きています。

たとえば、頭をメインに使っている「頭人間」は、理論的で勉強や交渉事が得意。頭でっかちで観念的な面もあります。体をメインに生きている「体人間」は、スポーツや体を鍛えたり動かしたりすることが好きで、その多くは、体感覚が「自分」だと思っています。

ハートは、この場合「感情」と言い換えるのが妥当でしょう。「感情人間」は、その名の通り自分の感じていることを大事に生きていますが、ともすると感情に振り回される傾向があります。あなた自身やあなたの周囲にいる人を見回してみると、それぞれ三つのどれかに分類されるのではないでしょうか？

どれかに偏っているからいけないというわけではありません。どのタイプにも、それぞれによさがあります。

「頭人間」に相談事を持ちかければ、話したことを理論的に言い換えてくれるので、考えが整理できるでしょう。またこのタイプの人は、物事を滞りなく進める実務能力にも長《た》けています。

「体人間」は、肝心な時にそばにいて現実的にサポートしてくれます。いわゆる「頼りになる人」です。「感情人間」は、理屈や常識で考えてしまうところに風穴を開け、いきいきとした発想ができます。一緒にいるとホッとしたり癒されたりするのは、このタイプの人です。

たとえば、**考え過ぎる傾向のある「頭人間」に、ふとアイデアやひらめきが訪れるのは、散歩をしたりお風呂でリラックスしたりしている時だったりします。**

つまり、体と頭が出会いバランスが取れた時、ギフトが訪れるのです。

これは、三つのセンターのバランスを取る例のひとつです。

未知に対して開いていくと、自然にこういうことが起こり始めます。

宇宙で生きることは、既知と未知とのせめぎ合い

人が、この地球で、そしてこの宇宙で生きる上で、大切なことがあります。何かが起こった時に記憶にアクセスして対処するのではなく、未知に対して開いているということです。

もちろん、基本的な日常生活は記憶がなければ成り立ちません。朝起きて、自分が誰なのか、ここがどこなのか忘れていたら困ってしまうでしょう。

しかし、記憶に頼ってばかりだと、単なるロボットになってしまいます。すべての側面で記憶に頼るクセがついていると、危うい状態になりかねない。既知に丸め込まれて、生きることに対して柔軟になれなくなるのです。

「今まではこうだった」「前にこう教えられた」

未知なる局面に対してどうするかを問われた時、そんなところから物事に向かわずに、新たに人生をクリエイトする生き方を選んでください。

今まで湧き上がったことのない創造性を、自分の中から花開かせてください。

それは、決して難しいことではありません。

初めて泳げるようになった時のこと、初めて自転車に乗れるようになった時のことを思い出せばいいのです。

「泳ぐ」「自転車に乗る」という経験を、どんなに見聞きしていたとしても、自分自身ができるようにならないと、実際にバランスを取る感覚はつかめません。

初めて泳げた瞬間、自転車に乗れた瞬間。

その一歩前までは、それは未知の経験だったはずです。

水の中で、自転車の上で、バランスが取れるようになったその瞬間には、記憶にも、人にも頼らない「何か」が発動しています。

それは、**既知に頼らず、未知に対して向き合った時に出てくる「何か」**です。

人間のDNAの中には、自転車に乗ったり泳いだりする時よりも、もっと大きな「何か」があります。

未知に対して開く時、その「何か」が目覚めます。

毎日を生きるということは、初めて自転車に乗る時の挑戦と同じ。

私たちが「人間」になるための挑戦なのです。

隠された情報を持つジャンクDNA

ジャンクDNAという言葉を聞いたことがあるでしょうか。

学術的に存在が確認されているのに、その機能が解読できないために、「役に立たないガラクタ」であると位置づけられたDNAのことです。

私たちの身体には、多くのジャンクDNAが存在しています。

実は、このジャンクDNAには、地球上の理論や理屈では説明のつかない「宇宙由来」の情報が多く隠されています。

あなたは、太陽系や銀河系、さらにその彼方にある宇宙は、地球で生きる自分たちとは関係ないと思っているかもしれません。

しかし、地球としか関わりを持っていない存在は誰ひとりいません。**誰もが、太陽系や銀河系、その先の星々と関わりながら存在しています。**

人間の身体は、常に宇宙と交流しています。だから、**地球と人間のことだけをいくら考えても、答えが出るはずはありません。**

このジャンクDNAを開いてアクセスすることが、この地球で目を覚まして生きるための基本となるのです。

もし真実を知りたいと思ったら、私たちのベースに、そのような宇宙由来のＤＮＡがあると心に留め置くこと。そして、一人ひとりが自分のジャンクＤＮＡにアクセスしていくことです。

そして、三つのセンターのバランスが取れた時、ジャンクＤＮＡがその秘密を明かしてくれるようになります。

人間にはまだまだ眠っている遺伝子があり、その遺伝子が目覚めれば素晴らしい潜在能力を発揮できるという話は有名です。

しかし、ジャンクＤＮＡが目覚めれば、そこからまたさらに進んでいけます。

私たちの体の中には、アカデミズムでは語られない領域において、このように未知なる部分がまだまだたくさん存在しています。そしてこの他にも、体にはたくさんのシークレットがまだ隠されています。

一人ひとりがそれぞれの道を行き、未知の領域を開いていくことは可能なのです。

人は、脈を打っているだけで生きている価値がある

指紋がその人固有のものであるように、脈にも、人それぞれ特有のリズムがあります。

これは、普通の脈拍のことではありません。

通常の脈診とは違う感覚で脈を探っていくとわかる、独特のリズムのことです。

宇宙のあらゆるスペースには、それぞれ固有のリズムがあります。

一般的には、宇宙空間は無音であり、真空であると言われています。

ですから、宇宙にリズムがあるというと違和感を持つかもしれません。

しかし、実際の宇宙はリズムに満ちています。

いきいきと脈動しています。

そして、真空ではなく、人の意識とはまったく違う「意識」が充満しています。

それは、非常にピュアな意識です。

母親のおなかで赤ちゃんの心臓が脈打ち始めた時に、宇宙にあるひとつのスペースが刻んでいるリズムと共振を始めます。

そのリズムは、この地球でその人だけが刻むもの。

人生とは、そのリズムをこの世界で体現する時間のことです。

人の生命は、宇宙との共振から始まります。心臓は人が生まれて死ぬ間の「契約期間」に、そのスペースと共振し、固有のリズムを刻み続けるのです。

人が生まれ、心臓が止まるまで生きるということは、宇宙のある部分のリズムを地球で発信し続けるということ。

自分が巻き起こすドラマには関係なく、宇宙のある部分のリズムを体現し続けるということ。

心臓が鼓動を打ち続ける間は、人間の体には生命が宿っています。

一人ひとりの人間がその体を生きるということは、宇宙のダイナミックさと多様性を、それぞれに表しているということになります。

だから人は、ただそこにいるだけで、十分に生きる価値があるのです。

鼓動に耳を澄ます

では、「自分固有のリズム」とは何でしょうか。

一番わかりやすいのが、自分の鼓動を聞いてみる、感じてみること。

そして、鼓動とひとつになることです。

ただじっと聞き入る。

それだけで、鼓動とひとつになれます。

すると、必ず宇宙のあるスペース、自分と共振しているスペースの鼓動まで感じ取れるようになります。既知で固められた感覚から自由になれます。

自分の中に脈打つリズムを聞けるようになると、必ず感覚が開いてくるからです。

けれども、今この地球に生きる人々は、日々生活するための感覚だけが突出しています。

ですから、自分の鼓動を感じようとすると、「一定のリズムで脈打っている」という程度の感知しかできないかもしれません。

それだけ生きる感覚が、宇宙から遠くなっているのです。

しかし、**既知で固められた感覚を離れて、自分の中に脈打つリズムに聞き入ってみてください。必ず感覚は開いていきます。**

なぜなら、私たちは宇宙なのだから。

自分の鼓動や脈を「知ろう」としないこと。それは、目の前の問題を解決しようとするアプローチと同じです。

ただ耳を澄ます。それだけで十分です。

「なぜ」「どうしたら」……。そこから自由になって、ただ聞いてみる。

それだけで、どんなヒーリングミュージックを聞くより、心身が落ち着いていくでしょう。

その時、共振が始まります。

自分の宇宙のリズムと共振し、調和が起こってきます。

そしてそこに、必ず新たなものが生じ始めます。

自分の鼓動とひとつになって宇宙と調和していく

鼓動とひとつになり、自分が共振する宇宙のスペースとつながる。

すると、今日という一日を、調和の中で生きる感覚が訪れます。

矛盾の中でいろいろな状況をくぐり抜けながらも、調和の感覚を持って生きられるようになります。

そのあり方は、「調和を目指す」という方向性とはまったく別のあり方です。

自分の鼓動、そして、そこにつながる宇宙の鼓動とひとつになっていくことは、自分が宇宙に影響を与えることにもつながります。

「宇宙に影響なんて与えられるのですか?」と聞く人がいますが、人にはもともとその力が備わっています。

たとえば、今地球には多くの天変地異が起こっています。

それは、直接的には太陽の変化によるものですが、その太陽は銀河風の影響を受けている。そのような宇宙のサイクルがあり、今地球ではいろいろなことが起こっているわけです。

それを「宇宙の営みだから仕方ない」と、指をくわえて見ていなくてもいい。自分の鼓動とひとつになり調和的に生きていけば、自分が宇宙に影響を与え、宇宙が自分に影響するという、相関関係が生まれます。

「祈りが宇宙に通じる」「思いが宇宙を変える」という考え方もあるかもしれませんが、たいていは自己満足にすぎません。

もっともっと実際的に、宇宙に影響を与えられます。

自分の鼓動と宇宙の鼓動をひとつにするという感覚で生きればいいのです。

そうすれば、**あなたの今日一日の生き方が、宇宙のスペースに調和の波動を送り返します。**その相関関係を培《つちか》うことが「自分は宇宙の中の一部である」という実感へとつながります。

地球の上で人間がつくったドラマだけに汲々《きゅうきゅう》としているだけではもったいない。

この地球であくせく生きながら、同時に自分が宇宙の運行にも影響を与えている。

そんな視点を持ってみてください。

記憶や他人に頼るより自分で自分のドアを開ける

私たちは、ひとつの身体をもらってこの世に生まれました。

一人ひとりが違った体で、それぞれに違う経験をしています。

すでに用意されている過去の記憶に頼っても、未知を生きる時に自分の中のバランスを感じることはできないでしょう。

共振とは、「これは、あの時のあれだな」という既知とのアクセスからは生まれません。

もちろん、既知があるから私たちはくつろげるし、楽しむこともできます。

仕事や勉強をしたり、誰かのために何かをしてあげることもできます。

しかし、その中に居つづける限り、未知なるものに本当に出会うこと、共振を起こすことはできません。

もう、記憶や他人に連れて行かれるところではなくて、自分で選んだ道を歩けばいい。あるいは、自分で道をつくればいいのです。**誰かを崇拝したり、誰かの話に酔ったりするのではなく、自分で自分のドアを開けることです。**

そこに行くまで、体を健全に保つこと。

けれども今、体は単なる乗り物として扱われ、ないがしろにされていく方向に向かっています。頭は、さまざまな情報にだまされていく方向へ向かっています。

自分が作動させやすいセンターだけに頼って、あとは申し訳程度に使っているような状態です。

みな、それを自覚しているわけではありません。自分にとってそれがなんとなく「自然」だからという理由で無意識にそうしているだけです。

しかし、生きていれば、そのあり方が自然でないのがだんだんわかってきます。そして、自分の周りのあらゆることに矛盾を感じ始めるのです。

矛盾の原因は、自分の外側にあるわけではありません。原因は、自分のアンバランスさにあります。

体と頭を出会わせ、三つのセンターを働かせること。

そうすると、ミラクルが起こります。共振が起こります。

共振は、いつでも起こっている

すべての物質は移り変わっていきます。

すべての体験は過去になり、どんなに大切なものも、いつかは失われます。

けれども、たとえば一口の水を飲んで、「あぁ、おいしい！」と感じた瞬間は、永久に自分のものです。

大切な人と一緒に美しい景色を見た時の感動や、おいしい料理を味わった時に共有した幸福感は、たとえその人が亡くなったとしても、ずっとそこにあり続けます。その時に起こった共振は、永遠に失われないからです。

共振は時空を超えたところから訪れ、時空を超えて続き、生きるパワーを与えてくれます。

既知にとらわれず起こる出来事を味わうこと。また、自分を開いて相手とともに時を過ごすことも、共振のひとつです。

共振する瞬間を多く持てば持つほど、命と心のすこやかさを保てます。

日常的な例で言えば、共振のイメージはこんなふうに説明するとわかりやすいでしょう。

たとえば、頭が重くて気分が優れない日。

家にいても気が滅入るだけだからと無理矢理外出して、ふと入ったカフェに、ものすごく好きなタイプの異性が座っていた。それだけで、一気に頭痛など吹き飛んでテンションが上がった……。そんな経験はないでしょうか？

これも、ひとつの「共振」です。

正確に言えば、これは共振ではなく「共鳴」かもしれません。

厳密には、共振は「共鳴」とも「同調」とも違います。たとえば、日常生活で「共振」と感じたことのほとんどが、まず自分の思いありきの「共鳴」だったということもあります。共振はしばしば時空を超え、自分という存在を超え、理屈や損得を超えて起こります。そこに、共振の素晴らしさがあります。

しかし、言葉の定義にとらわれすぎると自由さを失います。

瞬間瞬間に自分に起こる出来事に、ただ出会っていく。そこに、共振が起こるととらえていいでしょう。

共振は時空を超えて伝承される

たとえば一流の職人技の伝承は、共振なしには考えられません。

たとえ、師匠が弟子に対して、手取り足取り技術を仕込んだとしても、それだけでは絶対に伝わらないでしょう。**弟子が自分で技の奥義をつかもうとするからこそ、師匠が会得した根源的なものとの共振が起こり、精緻な技術の伝承が可能になるのです。**

武術や秘術の伝承でも同じことが言えます。

師匠の生前にすべてを伝授されたとしても、まだ準備ができていなければ、弟子はそれを受け取ることができません。また、どんなに熱心に学んだとしても、師匠が亡くなった後は、「もっと、いろいろなことを習いたかった」という後悔が、弟子には残るものです。

しかし、ともに時を過ごしたことで共振は起こっています。

その後、弟子が成長すれば「あの時はわからなかったけど、師匠が言っていたのはこのことだったのか」と、納得する瞬間が訪れます。そしてその時、すでに亡くなっている師匠からエネルギーが流れてくる感覚を受け取れます。それは、時空も次元も超えて起こる共振です。

また、いつの時代の誰がつくったかわからない芸術作品や古い建築物などに、心から感動して鳥肌が立ったとしたら、それも時空を超えて起こった共振と言えるでしょう。

さらに、自分という存在を超える共振も、時として起こります。

たとえば、災害や事故などの困難に見舞われた時に、とっさの判断で自分の命を省みず他人を助けようとする人の姿を、あなたもニュースや新聞などで見かけたことがあるでしょう。こんな共振に出会うと、誰もが胸を打たれ感動します。人間は、素敵な存在だと思えます。

その瞬間瞬間に共振を起こし、日常を味わい、すこやかに生きていく。

それが、人間の本当の進化です。

人間には、宇宙には、そうやって変化を起こしていく力があるのです。

清風

第3章

「メイド・イン・地球」の自分で生きる

自分探しなど、時間の無駄

今、多くの人は、子どもの頃から教えられてきたことが、自分を形成していると思い込んでいます。本来の自分ではなく、「メイド・イン・教育」の自分を生きています。

しかし、**私たちが習ってきたことは真実でも何でもなく、単なる「生きる術《すべ》」にすぎません。**

生きていく上で「習ったこと」は必要ですが、教育はあくまでも、私たちが生まれた時代と国を生きていくために身につけるべきことを教えているだけ。自分とはまったく関係ありません。

第2章で書いた通り、私たちは自分が物質だと思っていますが、もともとは宇宙が具現化した存在です。

そして、私たちの体を構成しているのは、宇宙の素材です。

自分が、宇宙の具現化した姿だなんて信じられないと思うでしょうか？

しかし、私たちは一度も宇宙の外に出たことはありませんね。

日々いろいろなことを話し、考え、おこなっていますが、それはすべて宇宙の中でやっていることです。

過去教えられてきた通りに、「宇宙と私は、別物」「宇宙は、聖なる特別な空間」と信じ込んでいる、その考え自体も宇宙の中のものです。

ありとあらゆるものが、宇宙そのもの。

どんな思考も、どんな感情も、どんな体も。

私たちは「外からインプットしたもの」でできているわけではありません。

「メイド・イン・地球」の自分は、外側からいじりようのないものです。

だから、自分探しなど一刻も早くやめたほうがいい。

時間の無駄です。

それよりも大切なことは、自分が身につけてきた装備を脱ぎ捨てること。

素直に、この世界での生きにくさという違和感を実感すること。

そして、そこから生じてくる感覚を大切にすることです。

自分の循環が整うと、お金の循環も整う

地球で身につけた装備を脱ぎ捨て、「メイド・イン・地球」の自分で生きるために、この章ではエネルギーの循環についてお話しします。まず、お金の話から始めましょう。

お金は血液のように世の中を循環しながら、エネルギーを回しています。しかし、正確に言えば、今それは「架空のエネルギー」になっています。

というのも、現在のお金のシステムが地球のエネルギーから少し離れ、数字上の取引になっている側面があるからです。

現在、地球上では毎日膨大な額の金銭がやりとりされていますが、その多くは、数字の上で取引されているにすぎません。

そこにトリックがあります。本来地球に巡っているエネルギー以上に、「お金」という架空のエネルギーが回っているのです。

だから今、多くの人がお金に関して、微妙に割り切れなさを感じています。お金という幻想に縛られて、生きるのがつらくなっている人も多いはずです。

本来は、一人ひとりが自分のエネルギーに見合った分だけのお金を回していけば、一番スッキリします。つまり「自分の生活を回していくお金＋α」くらいの額を循環させていけば、お金のバランスが取れるのです。

しかし、そういったスタイルで生きられる人は、あまり多くはありません。

たとえば、「病気や事故が起こったら困るから、お金を貯めておかねばならない」と思う人もいます。また、「もっとお金が欲しい」「大金持ちになりたい」と必要以上のお金を欲してしまう人もいます。

どちらも、不安や怖れが生んだ思い込みです。周りから刷り込まれた情報に縛られているだけであって、それは真実ではありません。

「幸せになるためにはお金が必要だ」「いざという時、頼りになるのはお金だけだ」そう思い込まされているトリックに気づくには、まず自分自身のエネルギーの循環をよくすることです。

そうすると、お金の巡りがもっとも自分に合った形でスムーズに回ります。同時に「メイド・イン・地球」の自分が目を覚まし始めます。

「自分」「相手」「宇宙」エネルギーの三つの循環

この世界を観察すると、三つの循環が見えてきます。

自分の中の循環、自分と相手との循環、自分と宇宙との循環。この三つです。

お金の巡りが悪い時や物事がうまく進まない時は、この三つの循環のどれかが途絶えている時です。行き詰まった時、八方ふさがりになったと感じる時も同じです。

そんな時は、自分の体の巡り、自分と人との巡り、自分と宇宙との巡り、どのエネルギーの巡りがおかしくなっているか、観察してください。

自分の中の巡りは、単純に体調を見てみればわかります。ケガや病気をしがちな時、心身の調子が思わしくない時は、エネルギーの巡りが滞っているのです。

体調に問題がなければ、人との循環です。

自分と周囲の人との関係が一方通行になっていないか。本当は何も響いていないのに、聞くふり、受け取るふりだけをしていないか、検証してみてください。人間関係がくすぶっていたら、いくら努力をしても、修練を極めても、100パーセントの結果を得ることはできません。

もし、そこにも問題がないとしたら、次に問うべきは、自分と宇宙という視点があるかということです。

地球で生きている限り、宇宙と自分を切り離して考えることはできません。

そして、**自分自身が宇宙であるという視点なしに何かをやろうとすると、いつか破綻《はたん》します。**その視点が自分にあるか、宇宙とのコラボレーションができているか。そこを点検してみましょう。

「さて、自分はどの循環に問題があるのだろう」と悩んだり、誰かに聞こうと考えたりしないでください。それもわからないようであれば、自分の人生とは言えません。

誰にでも、自分で自分の状況をきちんと感じ、見る能力が本来備わっています。

この三つの循環の状態を見極め調整すれば、人生の流れがスムーズに巡り始めます。

では、どうすれば調整できるのか。ひとつひとつ見ていきましょう。

歩くことには、大きな秘密が隠されている

自分の体の循環が途絶えていたら、歩くことです。

迷ったら、歩く。行き詰まったら、歩く。

歩くと、自分の中の固定観念を動かすことができます。

毎日、誰もが当たり前のこととして何気なく歩いています。しかし、歩くことの中にあるとてつもない秘密に気づいている人は、まずいないでしょう。

人間は進化して、海から陸に上がりました。そして、四足歩行から、二足歩行になり、「人間」になりました。

しかし、歩くようになったことで、大事なものを失っている感じがあります。歩くことが人を人たらしめているとも言えますが、その反面、歩くことで腰痛や膝痛が生まれました。また、歩き始めた人間は、地球にとって中途半端なシステムや不要なものをつくり始めました。

歩くことが間違いだったと言っているのではありません。

人間として歩くところまで進化した後にある、「最後の答え」の扉を開いていない。

ここまで進化してきたのに、最後のところで何かを間違えている。

そんな気がするのです。

最後の扉の鍵を開けて動かすには、ひたすら歩くことです。

歩くために、歩いてください。目標を決めるのではなくて。

目的も、目標も幻想にすぎません。

何かを打破するために歩こうとは、考えないことです。

ただ歩く。淡々と歩く。そうやっていくと、歩くことの中にある、言葉では表せない、なんとも言えない秘密を垣間見ることができるでしょう。

身体的な理由で歩けない人は、息を丁寧に吐いてみましょう。

今自分の中にある息を確実に吐き切れば、自然に新しい空気を吸うことができます。

歩くことも、息をすることも、骨の微細なバイブレーションを引き起こし、エネルギーの循環をうながします。

そこから共振が始まり、秘密の扉が開き始めるのです。

歩くと、本当に立つことができるようになる

歩くことによって体の循環がスムーズに回り始めると、本当に立つことができるようになります。

本当に立つとは、「ただ立つこと」です。

本当に立てると、ノーマインドになれます。無心になれます。

「いや、私は普通に立ってるけど」と、誰もが思うでしょう。

しかし、ほとんどの人が立っているように見えているだけで、本当には立てていません。モデルや一流スポーツ選手のつくり込まれた立ち方も、本当に立っているとは言えません。

本当に立てると脳が理想的な形で体に載り、浮いたような状態になります。

足がきちんと地球の上に乗り、その上に骨盤が収まります。

そして、体にバランスよく脳が載ります。

すると、重力の負荷が限りなくゼロに近づき、星が運行する動きと同じように、脳もまた、宇宙の流れに沿っていく。そんな状態になっていきます。

本当に立つことを、「地球の中心をとらえ、そこから宇宙とつながる」と言うこともできます。

が、実際に立てると、そんな言葉は吹き飛ぶくらいの体験です。

すべてがいったん終わり、次に、始まりも終わりもない感覚が訪れます。

ハイハイの時期が終わり、つかまり立ちの時期を過ぎて、二本足で立ち上がった赤ちゃんは、まさにそんな立ち方をします。赤ちゃんが立ち上がった瞬間は、余分なものを何も身につけていない無垢《むく》な状態。究極の姿です。あれ以上の立ち方はないでしょう。

そこから、人間はさまざまな経験を経て、個人の資質を身につけ、その人なりの立ち方に変わっていくのです。

けれども、再び不要なものをそぎ落として、**「何かのため」から自由になり、ただ立つことを始めた時、その人は、「存在そのもの」になります。**

そしてその時、共振が起こり始めます。

自分という神殿

時たま、「ただ立つ」ことができている人に出会うことがあります。聞いてみると、その人は自分の仕事なり生き方なり、何かを極めた人です。あるいは、人生でもっともいい時期を迎えている、人生のいい波に乗っている人です。社会的地位や経済力は関係ありません。

求めてそういう状態になれるかというと、そうでもありません。それは、むしろ偶然手に入ることのほうが多いようです。

無心に生き、よけいなものが全部はずれて、宇宙の道理が生きることすべてに染み渡ってくる。そうすると、おのずと本当に立っている自分になっていきます。

立つということを、神殿にたとえてもいいでしょう。宇宙の法則、自然との調和がなければ、いい神殿とは言えません。立つということは、本当に神秘です。

本当に立っている人を見ていると、天と地が通じています。身体に軸が通るようになるのです。

立つことができるようになると、座っていても体の軸が通り、どんな時も姿勢が決まるようになります。人生そのものに、調和が訪れるようになるのです。

しかし、体の軸がちゃんと通っていないと、歩く時に体を引きずるようになります。そして、人生も引きずるようになってしまいます。

いろんなものをそぎ落として、きちんと立つというベクトルに向かい始めた時、誰もがみな、その瞬間に生き、あらゆるものとの循環を取り戻していくことができます。

「メイド・イン・地球」の自分で生きるということは、最終的に、感情も頭も体も、すべてがうまくつながり機能すること。そして、宇宙にいる存在として、星々とコラボすること。

「ただ立つ」ことは、すべてに通じます。

ただ「立つ」とは、「ゼロ」であること

普通に立っているだけなのに、疲れる。その理由は、立っている間に驚くほどたくさんの無駄なことをやってしまっているからです。

ただ「立つ」ということは、究極的に「ゼロ」であることです。ゼロであるということは、どの方向にも自然に動けるということ。つまり、自由だということです。

普通、頭の重さは平均5kgと言われていますが、きちんと立てていれば、その重みは地面に抜けていきます。電気を大地にアースするように、頭の重さが体のどこにもかからず大地に流れていくのです。

東南アジアやアフリカなどで、華奢《きゃしゃ》な体つきの女性が重そうな荷物を頭にのせて、悠然と歩いている姿を見かけますが、彼女たちは誰ひとり首や腰を傷めません。それは、頭にかかる重さをすべてアースできているからです。

重さを感じないということは、そこに無駄なエネルギーが流れないということ。無駄なエネルギーが流れないということは、雑念や思考が少ないということ。

つまり、何かをやるのに一番いい状態です。

普通は「前に動くのは得意だけど、後ろは苦手」とか、「右はいいけど左は難しい」と、得手不得手があるものですが、そういった状態は、自由とは言えません。

歩くこと、そして本当に立つことができるようになると、自由自在に動けるようになります。自分の重さをアースできるので、疲れるということがなくなります。また考え事をする時でも、頭の中をゼロにして始められます。

実は、一日に与えられるエネルギー量は誰でも一定なので、エネルギーは使った時点で減っていきます。ですから、悩みや心配事、たまった感情があると、それらを押しのけてからでないと考え事ができません。当然そこに無駄なエネルギーが流れます。

つまり、きちんと立てていないと、肝心な考え事をする時にエネルギーが減った状態で始めなければならないのです。すると人生において、常にマイナスからスタートすることになります。

だから、生きていく上で、ただ立つことはとても大切なことなのです。

世界はどこまでも自分自身の延長

次に、人と自分の循環について話しましょう。

この循環において大切なのは、相手を知ろうとすることではありません。「相手と出会った時の自分の変化」を知ることです。

相手との出会いで変わるものがあるとすれば、それは自分自身だけだからです。

出会いで起こった自分の変化を丁寧にそのまま受け入れられれば、相手との循環は自然にうまくいくようになります。

相手を変えようとしたり、相手に気に入られようと自分が変わったりする必要はありません。また、相手の気持ちがわからないと悩む必要もありません。

とはいえ、相手が自分に与える変化を、とうてい受け入れられないということもあるでしょう。また、感情的に相手をどうしても許せないこともあると思います。

特に、コミュニケーションがうまくいかない相手や嫌いな相手があなたに与える変化、たとえば、怒りや悲しみ、不安などを受け入れるのは耐え難いかもしれません。

そういう時は、「世界はどこまでも自分の延長である」ということに気づいてください。


表面上は「私」がいて、「あなた」がいます。

しかし、そう思っていると、大切なことを取り違えてしまいます。

世界は、あくまでも「自分自身の認識」であり、「自分自身の延長」です。

たとえば、相手が近づいてくると「こちらに来た」と勘違いしますが、それは、自分の認識が変わっただけ。

あなたが世界や社会だと思い込んでいるものは、あくまでも、自分の認識にすぎません。

だから、「なんとかしよう」とするのではなく、自分の認識を受け入れればいい。

すると間違いなく、そこから大きく変化します。

相手や世界を受け入れて、「あきらめる」。そういう言い方もできるでしょう。

すべての認識の土台をここにすれば、世界も、人間関係も、生き方も、これまでとはまったく違ったものになっていきます。

息を吐ける奇跡、吸える奇跡に気づく

宇宙と自分との循環を考える時、息を吐ける奇跡、息を吸える奇跡があることに思いを馳《は》せてみてください。

息ができるなんて、当たり前のことだと思うかもしれません。

でも、息を吸えるというのは、どう考えても不思議なことです。

私たちが普段何も意識せずに息を吐けるのも、吐いた息を無条件で受け止める奇跡的な環境が地球にあるからこそです。

「きれいな空気を吸って、ネガティブなものを吐き出しましょう」などとよく言いますが、そのネガティブなものの入った息を、宇宙は24時間いつでも受け止めてくれます。

新鮮な空気を体に取り込めるから、私たちは生き続けられます。

ゆっくり息をしてみてください。

息ができることの奇跡を、そして、自分が孤立した存在ではないということを感じませんか？

たとえば、人間関係で言えば、「これはもう要らないから、どうにかしておいて」と言った時、「あ、いいよ」と受け取ってくれる関係などまず見あたりません。

しかし、生きることの根幹に、ただ受け入れてくれるという奇跡的な環境がある。

これは、素晴らしいことです。このことに意識を向けるだけで、いろいろなことを感じ始めるはずです。

いい呼吸とは何でしょう。

それは、宇宙の呼吸と自分の呼吸がひとつになること。

自分がニュートラルになると、宇宙の呼吸とひとつになっていけます。

そのための体の整え方については、次の章でお伝えしましょう。

自分という存在を通して宇宙の呼吸とひとつになることによって、自分も宇宙だと気づけます。

その第一歩として、吐ける奇跡、吸える奇跡をかみしめながら、ゆっくりと息をしてみましょう。

宇宙とあなたとの循環が、そこから始まります。

中和の力が問題を解決していく

一口に呼吸と言っても、さまざまなレベルがあります。

誰もがまず思い浮かべるのは、二酸化炭素を吐いて酸素を吸う人間の呼吸でしょう。

しかし、広い意味で言えば、**地球も呼吸をしています。宇宙にエネルギーを吐き出し、新たに受け取っています。**

同じく太陽系も、太陽系とそれ以外の宇宙との間で呼吸しています。

また、細胞もひとつひとつがそれぞれに呼吸をしています。

もっと言えば、感情や思考も呼吸しているのです。

呼吸とは、積極的に出して、また受け取る循環のことです。受動と能動と言い換えることもできます。細胞も栄養を与えて受け取り代謝しているし、感情や思考もエネルギーの受け渡しによって生まれています。

このしくみは宇宙の法則として存在しますから、どのレベルでもこの受動と能動の循環から外れるものはありません。

受動があり、能動がある。

そしてそこに、「中和」の働きが必ず関わっています。

出すものと受け取るものがきちんと出会った時に、そのどちらでもない第三の力、中和の力が入ってくるのです。

この中和の力こそ、問題を解決していく力になります。

たとえば、細胞が呼吸する時、受け取ったものがそのまま巡るわけではありません。

そこに一種のアルケミー（錬金術）が起こり、絶えず新しいものが生まれ続けます。

だから、エネルギーを循環させ続けるのは大切なことなのです。

また、この世界では、時として「時間」が中和の働きをすることもあります。

人間は、自分が積極的に取り組むからこそ問題が解決するという幻想を抱いていますが、そうではありません。物事が起こり、それを「メイド・イン・地球」の自分が受け止める。その時、中和という宇宙の力が働く。

そうやって、物事が進むべき方向へ進んでいくのです。

そこは、完璧に安心していいところです。

第4章

「今」と出会い、共振を起こす身体をはぐくむ

我々は、太陽を食べて生きている

「宇宙とつながる感覚がわからない」「宇宙と共振するなんて理解できない」

そう思う人もいるでしょう。

でも、もしあなたがそう思ったとしても、毎日食事はしているはずです。

あなたが、食べているものは何ですか？

野菜、果物、穀物、肉、魚……。私たちが毎日食べているものは、単なる「食べ物」ではありません。すべて、「太陽」です。

「いや、これは食べ物でしょ？」というのは、「習った話」にすぎません。

野菜も果物も、太陽をたっぷり浴び、土から栄養をもらって成長します。いわば、一定の振動数を持った、太陽と土のコラボ作品です。

私たちは、太陽をそのまま食べることができません。その代わりに、太陽が化けた野菜や果物、それらを食べて育つ肉や魚を食べ、間接的に太陽を「食べて」いるのです。

そうやって、私たちは毎日理屈抜きで太陽を食べ、体の中で一種のアルケミーを起こしています。「食べ物」から太陽エネルギーを取り入れ、生きる力にしています。

もっと言えば、野菜や果物が浴びているのは、太陽エネルギーだけではありません。その中には、**木星や金星などの天体エネルギーも、数パーセント混じっています。**つまり、私たちは日々、星々のエネルギーも数パーセントずつ食べていることになるのです。

毎日宇宙のエネルギーを取り入れ、自分のエネルギーとしている。これは、紛れもない共振です。

共振を難しくとらえる必要はありません。

地球上の食べ物は、太陽や星々がくれたもの。

毎日、あなたは食べることで、地球や太陽、銀河系のエネルギーを取り入れている。

そして、そのエネルギーを循環させて生きている。

それを共振と呼ぶのです。

朝日を浴びる

ある情報を聞いて、頭ではどんなに納得しても、あるいは、一時的に腑に落ちたとしても、すぐに自分の観念や感情が邪魔をして、変化を阻害してしまうことがあります。

その観念や感情は、昇る朝日が溶かしてくれます。

一日の中でも日の出の時刻は、特別な力がある時間です。地球にとっても、人の生命にとっても。

昇り始めた太陽の光によって、地球や人の体は強力にクレンジングされます。

だからといって、「太陽に向かって瞑想しよう」「太陽の光を呼吸で取り込もう」などと力まないでください。まずは、何もしない、何も考えない。ほんの何十年かの間に自分が培《つちか》ったものではなく、46億年続いてきたDNAに委《ゆだ》ねましょう。

朝日が昇ると、人は思わず太陽に向かって手を合わせます。

神聖な気持ちになります。

理屈抜きにそうなるのは、毎日太陽を食べていて、自分の中に太陽の要素があるからです。

太陽は古代から今まで毎日昇り続け、今日もまた昇っている。

何十億年と続いてきたその瞬間を胸に刻めば、自分が地球の上に生きているということが、頭でも体でもないもっと奥で理解できます。

そして、自分を阻害するものがほどけていきます。

あなたの中にある太陽の要素が、朝日と共振するのです。

共振することによって、太陽の存在が、あなたの中でどんどん増していきます。

時には日常から離れて、旅先で早起きして朝日を浴びましょう。

特に、海からの日の出、砂漠での日の出を眺めてください。

普段見る朝日とは、まったく違う特別な太陽と出会えるはずです。

一年のうち、数回でもいい。そんな時間を持てば、太陽のエネルギーを感じ取る力がどんどん強くなっていきます。そして、あなたの中で太陽との共振が強くなり、いつの間にか、さまざまな観念や感情がほどけ、本来の「宇宙であるあなた」が発動していきます。

もしそうしたければ、朝日を見る時に手のひらを太陽に向けて、そのエネルギーを手のひらで感じてみるのもいいでしょう。

また、太陽だけでなく、夜空の星々を見上げるのもいいでしょう。そうやっていくと、自然にエネルギーが変わっていきます。自分がニュートラルになっていく感覚がわかります。

それだけではありません。私たちの体には、地球に対応する部分、太陽に対応する部分、銀河系に対応する部分など、さまざまなエネルギーに対応するスポットが存在しています。

朝日や星々を見上げ、共振していくと、自分の体にある宇宙そのものと出会えるでしょう。そして、その出会いは宇宙の呼吸とひとつになるという体験へとつながるでしょう。

宇宙の呼吸とひとつになることによって、私たちは、宇宙そのものなのだということを悟ることができるのです。

第十章
「今」と出会い、共振を起こす身体をはぐくむ

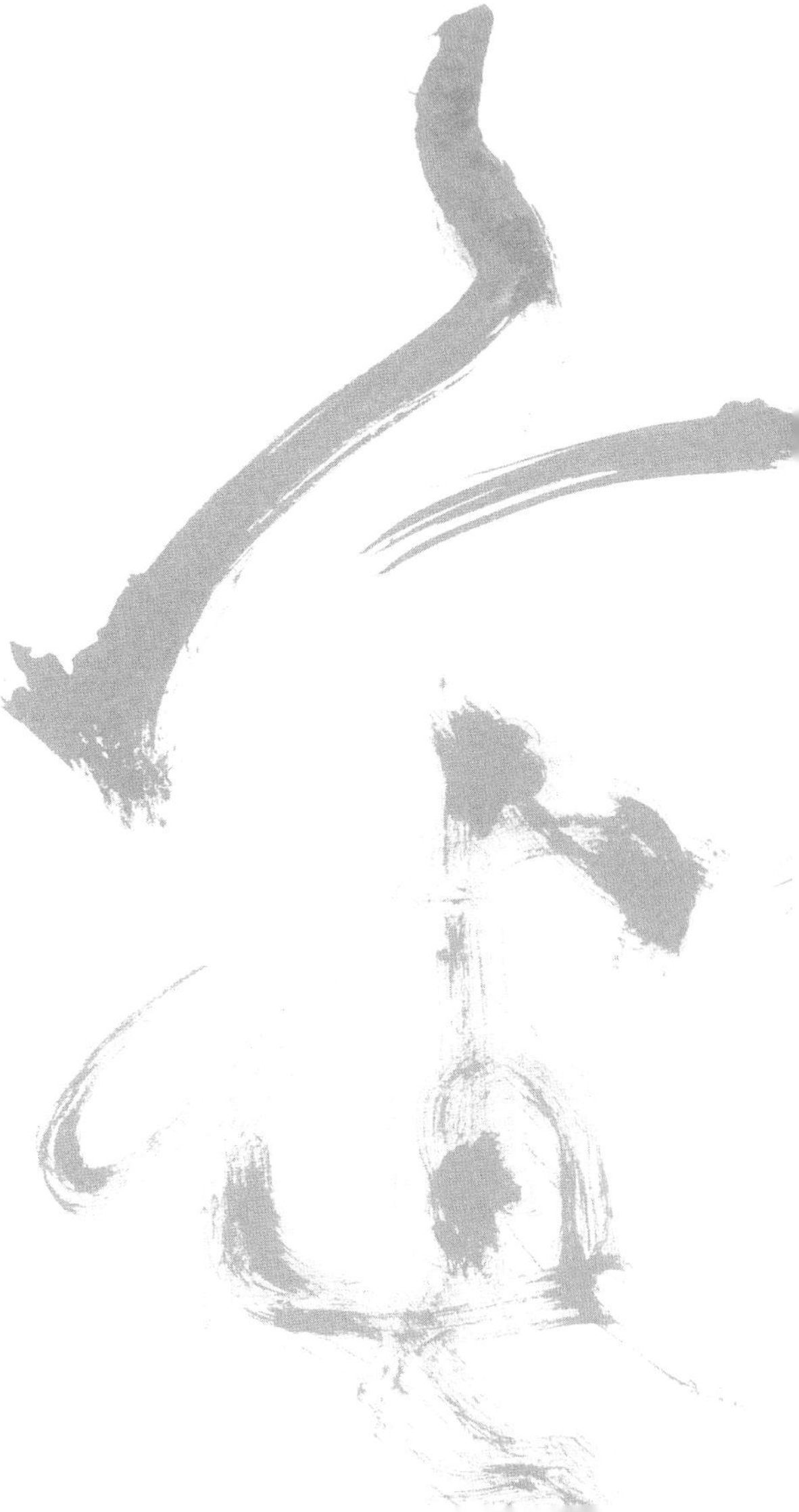

一本の木と交流する

今本当に大切なことは、「高次元」を目指すことではありません。「新しい自分」や他の誰かになろうとすることでもありません。他の誰でもない、宇宙である自分自身の力で生きていくことです。自然界に対して畏敬の念を持ち、地に足を着け、自分を開いてハートで生きていくことです。

自然の素晴らしさを見て、味わい、自然と交流してください。

自然と出会うたびに、忘れていた感覚を取り戻すことができます。

今まで自分を縛っていた鎖から自由になっていけます。

そうすれば、いつの間にか問題など解決していきます。**解決を目指さなくても、問題そのものを堪能《たんのう》できるようになります。**

自然との交流を教えてくれるのが、木の存在です。

あなたの身近に、お気に入りの木を見つけてください。

遠くの森や山にある木でなくてもいい、近所の公園の木や街路樹でいいのです。

見ていると落ち着く木、そばにいると元気になれる木……。自分の感性にしっくりくれば、どんな木でもいいでしょう。

気に入った木を見つけたら、その木に対して開いてみてください。

幹や枝葉に触れたり、根元に座ったり、話しかけたりして、その木のそばでゆっくり時間を過ごしましょう。

木と交流するとエネルギーの循環が整い、バランスが取れてきます。

さらに交流が深まると、感覚が開いてきて、木とコミュニケーションが取れるようになります。木からエネルギーを受け取り与えるという循環ができてきます。

その循環は、周りも豊かにしていきます。

しばらく交流を続けると、その木の周りに子どもたちが集まってくるようになるはずです。子どもは木から元気をもらい、また、木は子どもから元気を返してもらいます。そして、その元気は子どもの家族や周囲の人に広がります。

木の発するバイブレーションは、仲間の木から木へと次々に伝わり、世界中を巡ります。そうやって、**地球を巡るエネルギーのサイクルを一本の木から生み出す**ことができるのです。

くるぶしをなでる

体の疲れを取り、感性をクリアにしておくために、提案したい習慣があります。

内側のくるぶしを、毎日優しくなでることです。

普段、あなたが内くるぶしを意識することはほとんどないでしょう。

しかし、内くるぶしはとても大切なところです。

私たちの体をよみがえらせる力を持っています。

体の中には、エネルギーの流れに関連する知られざるスポットがたくさんありますが、足首が疲労すると、感性や感覚が鈍ってしまうので、イザという時の直感が働かなくなってしまいます。

特に、くるぶしは重要な場所のひとつです。

ですから、一日一度、内くるぶしと指先を出会わせ、ケアしてください。

長時間マッサージする必要はありません。

入浴中や就寝前に、軽くなでる程度で大丈夫です。

指で内くるぶしに触るだけで、そこからエネルギーの流れが変わり、疲労感が軽く

なります。

毎日ケアを続けていると、内くるぶしの状態を通して、その日の調子が敏感にわかるようになるでしょう。

また、内くるぶしのエネルギーが高まってくると、ひらめきも訪れやすくなります。

かつて、内くるぶしは大地とつながり、宇宙とつながるために大切な役割を果たしていました。

長年忘れ去られていたその部分に意識を向けることで、その力が取り戻され、古来人間に備わっていた感覚がよみがえってくるのです。

すべてを手放して寝る

私たちは、夜ベッドに入ると自然に目を閉じます。

しかし、一度寝たら次に目覚める保証など、実はどこにもありません。

翌朝、ちゃんと目が覚める。これは、考えてみたら相当の奇跡です。

目が覚めるか覚めないかの違いだけであって、眠ることも、死ぬことも、本質的には、どちらも、「手放し」です。両者に、さほど大きな差はありません。

「いい一生を送りたい」と思っている人は、毎晩その日一日を振り返ってみるといいでしょう。

一生は、一日の集積です。自分のごく平均的な一日が、そのまま自分の一生だと思っていれば間違いありません。**「ほぼ毎日自分がやっていること」が、自分の一生になります。**

ベッドで目を閉じる瞬間は、手放す瞬間。

大げさに言えば、自分という存在を「お返し」し、人生を明け渡す瞬間です。

もし、人生を自分の作品ととらえて、理想の死に方でフィナーレを飾りたいと思ったら、理想的な形で一日を終えることです。

脅《おど》すわけではありませんが、一日の終わりに悔いや焦りや悲しみを感じながら眠る

人は、最期の時も同じような思いを感じながらこの世を去ることになるでしょう。

さまざまな思いをすべて手放して、眠たくて眠たくて寝る。その日一日は完結して寝る。

生きていれば、やることは無限にあります。しかし誰もが、寝る前にその日やることは「あきらめ」ます。

だから、未完でいいのです。未完こそ、完結です。

手放して眠れたら、前日の思考を引きずらずにすみます。だから翌朝、「今日も一日命をもらった。生まれた！」という感覚で目覚めることができます。その感覚を大切にしながら、新しい一日を始められるようになります。

執着がない「一日完結」の毎日をくり返す。それが手放して生きるということです。

五感を信用しすぎない

物事と本当に出会っていくために、五感は大切です。

ただし、自分の五感を信用しすぎないこと。「五感を信じる」と言うと聞こえはいいですが、生きていく中で、五感が他のものに乗っ取られる可能性もあります。

時として、五感がいかにあてにならないか。

たとえば、風邪をひいた時の味覚や嗅覚を考えると、すぐわかるでしょう。

また、逆境の時の眼力はまだ大丈夫かもしれませんが、有頂天になっている時の眼力はまったく信用できません。

五感にとって心地いいものを求めていけば大丈夫な時もありますが、あまりその感覚に安住しすぎると、麻薬のようにそこから出られなくなります。

五感は「時として」信じてもいい。しかし、ミリ単位での修正をしていく必要があります。

だから、五感を常に疑うこと。高級時計が定期的に分解修理を必要とするように、人間の五感も定期的にクレンジングしなければならないのです。

五感のクレンジングは、エクササイズしたりマッサージを受けたりすることではできません。そういうものから解放されて何もしないでいることです。そして、時には日常を離れ、自然の中に身を置くこと。もし、何もしないでいることに恐怖や不安を感じるなら、その五感は危ういでしょう。

人の言うことも、自分の五感と同じようなものです。すべてが本当のことを言っているわけではないけれど、まったくうそでもない。つまり、五感と同一化するのではなく、距離を持ってみること。常に自覚的でいることが大切なのです。

自分が置かれた環境によっても、五感の感知する領域は縦横無尽に変わります。たとえば、サバンナで暮らすようになると、数日の間で視力は7・0程度にもなります。五感は自分に属しているようであって、そうではない。常に距離を持って調整する必要があるもの。そう心得ておきましょう。

人は、フォーカスした世界に振り回されている

地球の周りを周回しているハッブル宇宙望遠鏡は、壮大な星々の姿をとらえ、我々に送ってくれます。こうした宇宙の画像と、電子顕微鏡が映し出す超微細な世界の画像は、同じ世界に見えます。

このことは、実に多くのことを示唆《しさ》しています。

重要な示唆のひとつは、私たちが宇宙と呼んでいる地球の外の世界だけが「宇宙」ではないということです。

果てしなく拡《ひろ》がる宇宙の世界が存在すると同時に、超微細な限りなくミクロに向かう世界があります。

そのどちらも、「宇宙」です。

私たちの住む世界は、単にその間にあるひとつの断片にすぎません。

そして、この世界で今人間がとらえられるものも、その断片の中に備わっている感

覚で見たものにすぎません。

つまり、「この地球の感覚では」という但し書きが必要だということです。

だから、この三次元を知覚している五感にこだわって世界を見ようとすると、永遠に失うものがあるのです。

たとえば、一本の木を知ろうとしたとします。

この地球の感覚で感じれば、木はどこから見ても一本の木にすぎないでしょう。

しかし、分子レベルが感知できる知覚を通したとしたら、木という存在が、いかにダイナミックな営みを続けているかがわかるはずです。

人は、自分のフォーカスした世界の感覚で物事をとらえ、右往左往しているだけにすぎない。そこに気づきがあるかどうかで、普段自分の周りで起こっていることのとらえ方が変わってきます。

どの知覚で物事をとらえているか、どこに照準を合わせているか。自分と隣の人とでもまったく違います。

あなたの世界と私の世界は、まったく違う。

これが、すべてのコミュニケーションの前提です。

スプーンの中に宇宙の法則がある

「高次元に行きさえすれば、真実がわかる」「真理は高次元に行かなければつかめない」 そう思っている人がいます。

彼等は、この三次元を生きることではなく、四次元、五次元……と果てしない高次元へ行くことに価値を見出しています。そして、高次元へ行けるのはすごいことだと主張します。

しかしそれは、「100点を取ってほめられて嬉しい」という、地球上の教育で刷り込まれた感覚です。

もし、その感覚で「高次元」へ行ったとしたら、次の「高次元」に目が行き「次へ次へ」となるだけ。「今」は、永遠におろそかになります。

「この三次元では何もわからない」「宇宙の真理は高次元へ行かないと理解できない」そんな言説は、真っ赤なうそです。

今この時点で、この肉体、この感情を味わいつくすことが、すべて。

だって、コップの中にも宇宙の法則はあるし、スプーンにも宇宙の法則はある。

自分の中に、相手の中に、そして、すべてのものの中に宇宙の法則はあります。

「本当のこと」を知りたいなら、今自分が存在している三次元を極めることです。

地球上のあらゆる存在と宇宙は、ミクロとマクロの関係で言えば同じです。

宇宙の果てしない世界と素粒子の世界との構造は同じ。

そして、**この世界で存在している物質には、すべて宇宙の法則が働いています。**

物質が存在しているということは、そこに宇宙の法則が働いたということです。

だから、宇宙のことを知ろうと思ったら、遠い宇宙空間や「高次元」に行く必要はありません。何を探っていってもいいんです。

葉っぱでもいいし、スプーンでもいい。

土でも、体でもいい。

今、目の前に存在しているものを観察すれば、そして、その観察の中によけいな観念や思考を持ち込みさえしなければ、そこから宇宙が見えてきます。

現象の正体は「凪《なぎ》」と「波」

私たちが存在する三次元が始まったのは、ある時、「時間」と「空間」が生まれたからです。

何も存在しなかったところ、時間も空間さえもなかったところに、波が生じました。波が起こるには、凪《な》いでいる状態が必要です。

こうして振動が始まり、時空は物質を生み、やがてそこに、ドラマが生じます。ですから、三次元を生きることには、矛盾が生じ続けます。

三次元で生きるということは、自分で投げたボールを走っていって取るようなもの。最初から矛盾や問題をはらんで生まれ、それを体験するのが人生です。

しかし、その体験の中には「いいこと」も「悪いこと」もすべて入っています。いろいろな味わいがあります。

解決だけを目指して、都合の悪いことを迂回《うかい》していたら、それは味わえない。

もったいないことです。

共振は、凪いでいる状態と波の状態の際《きわ》で起こります。

人と人の狭間《はざま》、聖域で起こります。

身体をケアし感覚を開いていくと、そのサンクチュアリに意識が到達します。

その時、人という存在の正体が何かを理解することができるでしょう。

そして、三次元のスクリーン上に、自分が現実をつくっているということがわかるでしょう。

「断片」から世界を知る

「メイド・イン・地球」の自分と「メイド・イン・教育」の自分がいること。

そして、自分がフォーカスする世界がすべてではないこと。

この二つを知って生きることと、この二つを知らずに、あるいは忘れて生きることには大きな違いがあります。

割れた壷の破片がひとつある時、その破片がすべてだと思うか。

それとも、これは壷の破片だとわかっているのか。

そこに大きな違いがあるのと同じです。

たとえば海水浴に行ったとしましょう。その海水浴場で泳いだとしても「これで、本当の海を知った！」とは、誰も思わないはずです。

しかし、そこも海であることに変わりはありません。

そこで、「海水浴場なんか海じゃない」と何もしなければ、いつまで経っても海を知ることはできないでしょう。

また、管理された海水浴場で泳いだだけなのに「これが海だ！　僕は、海のことが全部理解できた」と言っている人は、だれからも相手にされないし、いつまでも大海を知ることはできません。

けれども、沖合ではなく海水浴場で泳ぐ自分の「分」を知って、海と一体になってみようと泳いでみたとします。すると、その人はその場所で十分に海を味わうことができます。

そして、体の力を抜いて波に浮かぶことや、自分の意識を開いて海と一体になる感覚を味わうことに成功した人は、沖合に出ても同じように泳ぎ、その海を感じることができるのです。

海水浴場では、海の全貌を知ることができないかもしれない。

しかし、少なくとも海に接する手がかりはつかめる。

それと同じように、今自分が生きる三次元は、「断片」にすぎないかもしれない。

しかし、その日常でやるべきことをやり続けていくと、断片から大きな世界を知ることができるのです。

色

第5章

感情という天気とつきあう

感情は、頭と体をつないでいる

「嬉しい」「楽しい」「悲しい」「腹が立つ」……。そんな喜怒哀楽を感じている時、人は瞬間の中にいます。

感情は、どんな時も、「今」に私たちを引き戻してくれる作用を持っています。

しかし、私たちの頭と体は、そうではありません。

体は「過去」、頭は「未来」に属しています。

たとえば、体はその人がどのように生きてきたかを、確実に物語ります。

治療師ならば、体からその人の過去をとらえることができます。体は、過去を表しています。

一方、頭は本来、未来を考えるようにできています。

未来や理想、これからどう生きるかを論理的に考える機能があります。過去のあやまちをなるべく繰り返さないように、論理的な思考をするのが、頭が本来持っている役目です。

休みなく細胞分裂し続けている体が行き着く先は、間違いなく「死」です。でも頭が健全な状態で働いていれば、人は最後の最後まで「未来」や「希望」について考えるでしょう。

過去から未来に希望を持って生きるために、「体」と「頭」はそれぞれの役割を果たすべく、連携を取る必要があります。そのために、感情の役割は大切です。

本来、感情にベクトルはありません。だから、起こっている出来事をそのまま味わえば、時間から完璧に自由な「今」という状態にいられるのです。

ところが今、人間はどういう存在になっているでしょう。

多くの人は、体にリアリティを持っています。そして、頭が「過去」になり、感情を感じるべきハートが、理想を追いかける抽象的な存在になっています。

また、本来はハートで感じるべき感情が、思考がからんで生まれる「感情もどき」になっています。

では、感情とは何でしょう？　人間は感情とどうつきあえばいいでしょう？

それが、この章のテーマです。

喜怒哀楽は「瞬間」だと気づく

感情は、天気と同じです。晴れる日もあれば、雨が降る日もあるように、日々めまぐるしく変わります。

怒りや不安、悲しみに振り回され、翻弄されている時には、「あぁ。今、雨が降っているんだな」ととらえてみましょう。

雨は、一見いやですよね。運動会やレジャーの予定がある人は、雨が降ったらがっかりするでしょう。雨の外出は憂鬱《ゆううつ》という人も多いはずです。

しかし農作物が育つためには、雨は欠かせません。雨が降らなければ、我々生き物は生命を維持できません。

トータルで考えると、雨はよくも悪くもない。

喜怒哀楽もこれと同じです。

たとえば「怒る」という感情も、それ自体は決して悪くはありません。

怒るような状況があれば、我慢せずに怒ればいい。

怒りが生じているのだから、「怒ってはいけない」と自分を抑えるのは無理があります。

ただし、大事な点があります。喜怒哀楽は、本来「瞬間」だと知ることです。感情は、その時の反応で瞬間的に生まれるもの。元来、いつまでも持ち越せるものではありません。

本当は、ずっと怒っていることなど、不可能。絶対無理なのです。

「いつまでも怒りが消えない」「まだ腹が立って仕方がない」という時もあるでしょう。しかし、それは思考が怒りをコピーしているだけです。

過去や未来に対する怖れや不安、怒り……。継続して自分の中に居座り続ける感情は、すべて「感情もどき」。過去や未来にこだわる心が「怒り続ける自分」を生んで、そこで君臨しているのです。自分がつくった思い込みに自分自身を君臨させてはいけません。

人間に天気が変えられないように、湧き上がる感情は自分では変えられません。だから、あきらめる。そして、無理にいつもいい天気でいようと思わない。

ポジティブな感情はよくて、ネガティブな感情は悪い。そう、決めつけないことです。

「感情もどき」にだまされない

過去の感情を引きずる時、未来に対して怖れや期待を持つ時、そこにあるものは、先程お話ししたように、思考が生みだした「感情もどき」にすぎません。

普段「感情もどき」に翻弄されている人が、どれだけ多いでしょうか。

感情が本来持っている作用は、「今」に私たちをつなぎとめることです。

自分に起こる出来事を受け入れ、淡々と出会っていくと「今」にいることができます。

そのことによって頭と体がつながり中和されていきます。

感情が体と頭を中和させるとは、どういう状態でしょう。

たとえば、美しい音楽を聞いた時を思い出してみてください。

脳はクリアな状態になり、心からリラックスします。

そして、頭は思考から解放され、体はストレスを受けている状態から自由になります。

頭と体のストレスはもともと逆のベクトルを持っていますが、音楽を聞いて生まれた感情がそのベクトルをひとつにして、全部洗ってくれるという状態になるのです。

また、このように言うこともできます。

起こっている出来事をそのまま感じることが、自分を「今」という感覚に引き戻します。そうやって、「今」という感覚にいることによって、安心して、頭で未来について考え、体を使っていくことができるのです。

体、頭、ハートの三つのセンターがバランスを取りながら回っていく。そこに、中和の力が働き、宇宙の力が作用します。

すると、問題を解決することに取り組まなくても、自然に解決していきます。

生きるための発想がどんどん湧き上がります。

そして、その発想を実現していくだけの体力も出てくるのです。

言葉に心を乗っ取られない

怒りや悲しみが湧いてきた時、頭の片隅に置いていて欲しいことがあります。

それは、相手を傷つけようと思っていなくても、人は誰かを傷つけてしまう場合があるということです。

傷つけられたほうは、相手が意図してやったのだと思いがちですが、その人は知らず知らずのうちに地雷を踏んだだけかもしれません。

誰でも一日生きれば、気づかないうちにいろんな人を平気で踏みにじっています。

それは、あなた自身も同じことです。その意識を持てば、自分が実は「言葉」によって傷ついていているだけだとわかるでしょう。**相手が何気なく発した言葉に自分の価値観をはめこんで、勝手に傷ついている**というわけです。

そうだとしたら、自分が言葉に乗っ取られていることになります。

しかも、相手の言葉ではなく、「自分の持っている言葉」によって、自分が乗っ取られているということです。相手は、「その人の持っている言葉」で話しています。

同じ言葉でも、相手とあなたとでは持つ意味がまったく違うのですから、極端に言えばフランス語と日本語で会話をしているのと同じことです。

それをいきなり自分の翻訳機で訳したり、検閲にかけたりするから、腹も立つし、悲しくもなるのです。

もし、誰かの言葉に傷ついたり腹が立ったりした時には、もう一度、その言葉を翻訳してみてください。イメージでも、実際に言葉に出してもかまいません。

たとえば「あなたには能力がない」と言われたとしたら、それを意味のない言葉として、ただの音、単語の羅列にします。すると、「あなたには能力がない」という言葉は、「ただの音」になります。そうやって「音」としてとらえたら、同じ言葉がまったく無意味なものに変わるのがわかるでしょう。

たいていのコミュニケーションは、片方の人の流儀で発している言葉を、もう片方が自分の流儀で受け取って、傷ついたり喜んだりしているだけです。お互いの思い込みで進んでいるだけで、本当に理解し合っているわけではありません。

そんな面倒くさい作業はやめてしまえば、「あの人、何か言ってたな」という程度の話になります。それが、人と人との間に本当に起こっていることです。

感情をきちんと感じ切る

感情に身をまかせるのはよくないことだ。多くの人は、そう教わってきたかもしれません。けれども、自分に起こったシチュエーションに合わせて、さまざまな感情が湧き上がるのは当然のことです。

ちゃんと怒るべきだし、泣くべきだし、悲しむべきです。

決して、我慢はしないこと。無視しようとしても「ある」のですから、受け身になるのではなく、こちらから積極的に挑んでいくのです。

とにかく、いやなことや腹が立つこと、悲しいことがあった時、その瞬間は、湧いてきた感情の中に、まずとことん入っていくこと。

怒りや悲しみから逃げず、思う存分感じ切ってください。

また、相手に言いたいことがあれば、きちんと言いましょう。

ただし、大切なことは、「お互いにわかり合えることはない」と理解しながら相手に言うことです。

話すことでお互いにわかり合えると勘違いしているから、相手のリアクションに驚いて、みんな泥沼に入っていくわけです。

相手はそもそも違う世界に生きているのですから、期待する反応が得られるはずはありません。それ相応のお返しが来るかもしれないとわかっていて言うのなら、それでいいと思います。

とはいえ、必ず相手に言いたいことを言う必要があるかと言えば、そうではありません。もし、不快な感情の原因となった「シチュエーション」から逃げたければ、さっさと逃げる。これも、有効な選択のひとつです。

ただし感情と向き合うのは、ベッドに入る一時間前まで。寝る時まで持ち越さないこと。**どんな感情を抱えていても、寝る一時間前になったら、全部きれいさっぱり放り出すことです。**

寝る時に否定的な感情を持ち込むのは、「越権行為」もいいところ。

寝ている間じゅう、同じ感情に支配されることになります。

これはどう考えても、まったく意味がありません。

意味のないことはやめる。そう決めましょう。

「24時間後に怒る」と決める

もし誰かに対して怒ったのであれば、「24時間後に怒る」と決めるというやり方もあります。

これは、相手との無駄な確執を生まず、自分の感情もコントロールできるひとつの方法です。

単なる「引き延ばし作戦」ではありません。一種の「取り組み法」です。

といっても、正確には取り組んでいるわけではなく、自分の感情に思考をからませて、ひとつの命令を下しただけ。単に、「決めた」だけです。

相手に対して24時間後に怒ると決めた瞬間、自分の知らないうちに、相手に対しての怒りが変化し始めます。塩麹《しおこうじ》に漬けた魚のように、味が深まっていきます。その深まった味をそのまま、味わえばいいのです。

24時間後にも同じ怒りを感じたら、また「24時間後に怒る」と決めましょう。

そうやっていくと、感情が一瞬にすぎないという感覚、瞬間完結で完了していく感覚がわかってきます。

それでも、怒りがどうしても消えないようなら、それは感情に思考が入り込んできているのです。どうせ思考がからんでいるのだったら、「24時間後に……」という思考をからませましょう。

「いや、そんなことは難しい」と思うかもしれません。

「よし、やってみよう」と思っても、実際には実行できないかもしれません。

そんな時は、怒ることそのものに快感を感じている自分、本当は解決したくない自分がいるのです。

解決したくないなら、解決しなくても全然かまいません。

ただし、もし解決したいのなら、本当に取り組まないことに「取り組んで」みてください。

感情に溺《おぼ》れるのは、快感を求めているから

いやな感情が湧いてきたら、その感情を感じ切ればいいと書きました。

しかし、感情にまみれている自分が好きだから、あえて波瀾《はらん》万丈な状況を自らの手でつくっている人も多くいます。

もし自分でドラマをつくり出してそこにひたっているのであれば、見直しが必要です。感情にまみれるためにドラマをつくりたがる人は、実は「快感」を求めているだけ。怒りや怖れ、不安が湧き上がった時に、一瞬だけ生まれる快感が好きなのです。

ただし、その快感はほんの一瞬だけしか味わえません。

あとは罪悪感や自己否定だらけになり、結局は自分がダメージを受けることになります。だからほとんどの人は、自分が実は快感を求めていたのだということに気づけないのです。

なぜ、怒りや怖れの中に快感を感じることを求めてしまうのでしょうか。

それは、いろいろな出来事や環境にがんじがらめになり、そこしか選択肢がないと本人が無意識に思い込んでしまったからでしょう。けれども、その選択をしなければならなかったのは、快感が欲しかったからに他ならないと気づけば、そこから抜け出せます。

人間にとって快感を求めるのは自然なことです。そこに気づいた瞬間、状況は変わります。自分が惹《ひ》かれていたのは快感だったのだと気づくことができれば、本当の快感を求め始めるからです。

すると、罪悪感から解放され、自分を幸せにできる快感を選べるようになります。瞬間瞬間を味わう人生が生まれてきます。

自ら否定的なパターンをつくっている人は、負のカードを自分で積んでいるようなものです。しかし、そこに意識的になった時点で、負のカードは「悪いこと」ではなくなります。

いつでも逆転できるものになります。いや、逆転の必要もなくなります。

負が負であることに気づいた時点で、それ以上でも以下でもない、ただ味わえばいいものになるからです。

喜怒哀楽のバランスが取れると「楽」になる

相手の怒りにつられて自分にも怒りが生まれてしまう時。

怒っている相手に勝とうとして、戦闘モードに入ってしまう時。

それは暴風雨の日にわざわざベランダに出て、立っているようなものです。

もし台風がやってきたら、あなたはその台風に対して怒りますか?

普通は怒りません。仕方ないとあきらめます。それなのに、なぜわざわざ外に出てずぶ濡れになるのでしょう?

相手の怒りも、あなたの怒りも、台風のようなもの。

風が吹くのなら、ただ、その風に吹かれましょう。その風が強すぎるようなら、安全なところへ行きましょう。

いつまでも怒り続けていると、「素の自分」がどんどん減っていきます。

すると、思いも寄らないことをしでかして新たなトラブルを呼び、必要以上のシチュエーションにしてしまいます。

小雨に少し濡れるくらいなら、気持ちがいいでしょう。

でも、嵐なら部屋で静かに過ごせばいい。

怒りという台風に参加して、二次的な台風をつくることはありません。

人の感情であっても、自分の感情であっても、台風と同じでいつか終わります。

そうやってただ感情を味わっていると、喜怒哀楽のバランスが取れるようになります。感情という天気を使いこなせるようになります。

その時、どの感情も「楽」に変わっていきます。

もし、頭ではわかっているのに、怒りや悲しみを引きずることがあったとしたら、それは、たぶん感情が自分自身、相手自身だと思っているからでしょう。

目まぐるしく変わる感情を、その人や自分の人格だと思わないことです。

誰もが、それぞれの立場と相手との力関係の中で、行動し発言しています。

そこをきちんと見ておけば、感情の嵐に巻き込まれることはありません。相手の感情に巻き込まれ、「二次災害」を引き起こすこともありません。

「知っている」のは「誰」？

ある秘教の教えでは、人間という存在を一台の馬車にたとえています。

馬車本体が「体」、御者が「思考」、馬が「感情」です。

そして、この馬車の注目すべきことは、ただひとつ。

馬車の主人が眠っているということです。

御者（思考）は、目的地への道順を知っています。また、馬（感情）を扱う方法も知っています。主人が目的地を告げれば、どこへでも馬を走らせることができます。

しかし今、御者はどこを目指せばいいかわかっていません。

御者は道路にくわしいスペシャリストですが、どこへ行くのかを決めるのは〝主人〟です。だから、どこへ向かっていけばいいかわからないのです。

馬には、俊足の走りができます。重い車を引っ張って、どこへでも連れて行ってくれます。しかし、御者によってコントロールしてもらわなければ、あらぬ方向へと暴走してしまいます。

けれど、主人が眠っていて行き先がわからないのに御者が行き先を判断したら、御者の迷走となってしまうでしょう。

ある人は、「社会通念から来る情報」を御者に採用して、それが主人だと思っています。ある人は「感情」が主人だと思っています。またある人は、「体」が主人だと思っています。

みな「これでいい」と思っているようですが、それぞれ、体や感情にとって辻褄《つじつま》が合っているだけです。辻褄が合うことと、自分が生きることとは、まったく意味合いが異なります。


主人が目を覚まし、主人の座にすわり、行きたい場所を告げる。


これが、すべてです。

では、どうすれば主人は目を覚ますのか？

この問いが本当に、切実に感じられるようになった時、スイッチが入るのです。

このことを「知る」だけでも、何かが変わります。

ユニークで、不完全な自分でいい

親子やパートナーなど、身近で大切な関係になればなるほど、いつまでも自分と相手がつくった感情のドラマから抜けられない傾向があります。

「あの時、自分は傷つけられた」

「あの出来事は絶対許せない」

そんな思いを何年も、何十年も持ち続けている人もいます。

まずひとつ言えるのは、親という存在、パートナーという存在を、勘違いしないということです。完璧だと思わないことです。

特に、親という感覚を勘違いして「親だからこうあるべき」「親には、こうあって欲しい」と思い始めると、理想の親と実際の親とのギャップに苦しむことになります。

もし、自分が傷つけられたとか、思うように育ててもらえなかったという過去があったとしても、それは「無理もない」こと。

なぜなら、親も一人の人間だからです。

みんなそれぞれ、精いっぱいがんばっている。誰もが、絶対にがんばっている愛《いと》おしい存在なのです。

親との関係をもう一度築き直そうとする努力も、無駄ではないかもしれません。でも、**お互いに完璧ではないのだから、やり直しても多分同じです。過ぎたことを蒸し返されても、相手を当惑させるだけでしょう。**

お互いの関係を大切にすることが悪いと言っているのではありません。

しかし、**すべての関係を「理想の物語」に当てはめる必要はないのではないか**ということです。

みんなそれぞれ、ユニークな不完全でいい。

不完全さを「ユニークさ」としてとらえるほうが、なんでも完璧を目指してしまうより、ずっと楽でいい。

なぜなら、この地球の構造上、完璧な存在はどこにもいないのですから。

第6章

ハートはすべてを超える

どの時間も、自分にギフトされた大切な時間

私が、ワークショップでよく言う言葉があります。

それは、「ワークショップに解決を求めるな」ということです。

たとえば、美容院やマッサージに行くように、ワークショップを「利用する」のはいいことでしょう。

しかし、過度な期待を抱いたり依存したりしないことです。

ワークショップやセミナーに出て、「いい話を聞いた」「すごい体験だった」と満足する。すべてが解決したような気分になる。そして、いつも通りの日常に戻る。これは、ばかばかしいことです。

ワークショップなどで特別な経験をした時に感じるカタルシスは、麻薬のようなもの。気をつけないと中毒になります。

「すごい体験」が終わってからの日常こそが大切です。

そう言うと、今度は「じゃあ、普段からきちんと生きなきゃ」とか「いつもポジティブでいなきゃ」と誤解する人たちが出てきます。そして、毎朝きちんと朝日を浴びて、ウォーキングして、エクササイズして……と勤勉にがんばります。

しかし、日常を大切にするとは、そういうことではありません。

朝起きて、誰かと会話して、職場や学校に行き、仕事や勉強をする。家族のために家事をする。買い物に行く。散歩する。お茶を飲む。本や雑誌を読む。音楽を聞く。時にはケンカをしたり、ムッとしたり。泣いたり、笑ったりする。

そんな**ありふれた時間を大切にする**ということです。

何の変哲もない、いつも通りの時間。代わり映《ば》えのしない時間も、自分にギフトされた貴重な時間です。

どのシチュエーションにも、味わい深さがあります。そこで起こる喜怒哀楽、あなたへ贈られた宝物を味わいつくすことが大切なのです。

そして、ピンチに見えることが起こった時、無理難題が持ち上がった時が、チャレンジの時。自分を成長させる教材がやってきた時です。

そこで、「こうかな、ああかな?」と、取り組まないことに取り組んで、ほったらかして生きる。すると、ある時、ストンと自分が納得できる時期が必ず来ます。

ハートを見つけるということ

この地球において目標や目的があるとしたら、それはお金やもの、地位や権力を得ることではありません。「使命を生きること」でもありません。

誰もがいつか、この地球を卒業していきます。

生きることとは、その中で何を見つけていくかという壮大な実験です。

相反した両極のものを自分の中に抱えながら、「これ、どうする?」と問いながら、生きていく実験です。

だからこそ、問題は起こってもらわないと困るのです。

その問題を味わいつくすために。

どうせ味わうのなら、ポジティブで心地よい感情を味わえる出来事が起こって欲しい。そう思う人は多いでしょう。

しかし、よく考えてみれば、それではもったいない。

いい感情ばかり味わおうとすると、どこまでいってもハートを見つけることができないからです。

今この体にいることで、いろんな人と会い、いろんな体験ができます。

旅をしたり、食事をしたり、誰かと会話したり、ケンカすることができる。

「この人は好き」と思い、「こいつ、大嫌い」と思える。

「これはいい」「これは悪い」と自分を縛らないで、正直になればいいのです。

窮屈なところにいないで、自分を自由にさせてあげる。

そうすると、いろんなことに、本当に出会っていけます。

いろんなことを本当に味わえてきます。

人の世で、喜んだり悲しんだり、裏切ったり裏切られたり、うまくいったりいかなかったり、あるいは、うまくいったと思っても違っていたりしながら、喜怒哀楽を全部味わいつくす。

起こることを、そのままあくせくしながら味わっていく。

その経験から、ハートを感じること、ハートの次元に生きることがにじみ出てきます。ハートが見つかります。すると、おのずと問題は解決していきます。

だから、起こる出来事を解決しようとすると、本末転倒になるのです。

「ハートで生きる」とは？　「ハートを見つける」とは？

その答えをすぐ知りたいと思ったり、言葉で理解したいと思う人もいるでしょう。

しかし、追いかければ追いかけるほど、言葉をつくせばつくすほど、「答え」は遠のいていきます。

ハートで生きるということは、体験することでしか味わえません。

何千ページ使っても、それを説明することはできません。

人によっては、ハートと感情を混同して生きている人もいますが、**ハートとは、頭と感情と体のバランスが取れた分だけ、そこにあるものです。**

ハートで生きるためには、人に出会い、出来事に出会っていくことです。

特別な人や出来事に出会わなくてもいい。家族、友人、恋人、同僚……。あなたが出会う人は、すべてあなたにとって必要な人です。

あなたの今日の体験は、次の体験を生んでいきます。

次の体験は、さらに次の体験へとつながっていきます。

自分のリアリティがすべて

生きることを探求していくと、「こっちが本当のこと」「いや、これが正しい」「違う、こうあるべきだ」と、さまざまな情報がやってきます。

誰が何と言おうと、「よけいなお世話だ」と思ってください。

みなそれぞれ、自分が大切にしているものを基準にして、上下関係や勝ち負けを競っているだけです。

もし今、そんな情報に惑わされたり、からめとられたりしているなら、そこから目を覚まして気づいていけます。

「魂の世界」や「高次元」に悟りや覚醒があるわけでも、そこに行ける人が素晴らしいわけでもありません。また、偉い誰かに教えをあおいだからといって、あるいは、瞑想や精神修養法を極めたからといって、すべてがハッピーになり問題が解決するわけではありません。

今の自分のリアリティがすべて。

今自分がいる環境こそが、自分にとって最高のステージです。

この現実の中に、真実はたくさん隠れています。
外から教え込まれ、信じ込まされてきたことに、本当のことはありません。
もしそれが「本当のこと」であったとしても、情報の正しさ自体に意味はありません。

大切なのは、自分の腑に落ちているかどうか。

自分のものにできているかどうか。
たとえ、自分の腑に落ちたものがスタンダードな考え方と違っていても大丈夫。
そう思えるようになることが大事です。
一人ひとりに、それぞれ多様な生き方があります。
自分は自分でいい、そして、人は人でいい。そこに安心感を持ってください。
あなた以外の誰かが、あなたをリードしていくのではありません。
あなたの「今」から、すべては始まります。

人生の使命は「生きること」

「生きる使命を見つけたい」

「何のために生まれてきたか知りたい」

そんな思いを持つ人は多いでしょう。

しかしこれは、意図的にそう思い込まされているだけにすぎません。

「人は、誰もが使命を持って生まれてきた」

「天命を生きることが大切だ」

そう教えられてきたから、「使命を生きなければ」と思い込んでいるだけです。

人からお膳立てされた考え方や生き方に乗らないでください。

あなたが探さなければいけないと思っている「人生の使命」は、「馬の前につり下げられたニンジン」です。

ニンジンを追いかけると、一生走り続けなければなりません。

そして、どんなに追いかけても、目の前のニンジンを食べることは永遠にできないのです。

生きる使命を、言葉で表すことなどできません。

そこをあえて言えば、人生の使命は「生きることそのもの」です。

世界を実感して、ありのままを感じながら生きることが、本当に生きているということ。人生が終わりに近づき、一生を見渡した時、「あぁ、自分はこれをやるためにこの世界に来たんだな」と初めてわかります。

使命探しを始めて右往左往したり、「使命」に人生を乗っ取られたりしないでください。自分の人生を生きることがおろそかになってしまいます。

「使命」に縛られ、運命づけられて、その枠の中にいるだけの「いい子」になってしまいます。

人が何かをなそうとした時点で、今を味わうことから離れて、過去や未来、他人の人生を生きようとすることになります。

「今この瞬間」から湧き上がってきたものを、単純に次の行動に移していく。

そうやって積み上がったものが、その人の人生。それが、本当に何かを「為《な》す」ということです。

社会や人が用意したことは、「為す」こととは関係がありません。

「自分は正しい」というゲームや、「これが本物だ」というゲームに入ると、本当にわけがわからなくなります。本質とは関係ない、ただの「お話」になっていきます。

本物か本物でないか、正しいか正しくないかは、表面に見える事柄では決まりません。

自分と宇宙のコラボレーションで、生きる使命なんて、どのようにでもなっていきます。

決して、「自分とカリスマ」や「自分と親」、「自分と社会」とのコラボではないですよ。人や社会から言われることなど、大きなお世話です。

多くの人が目指している「自己実現」という言葉を、別の言葉で言い換えてみましょう。

それは、「今をただ味わう」ということです。

「目標」は、付箋のようなもの

「生きる使命」と同じように「生きる目標」を追いかけている人も大勢います。

また、自分が設定した目標に振り回されている人も同じようにたくさんいます。

これもまた、「目の前のニンジン」です。

自分の立てた目標がプレッシャーになったり、あるいは、自分を失望させる要因になったりするのは、ばかばかしいことです。

三つのセンターのバランスを取りながらハートで生きていく時に、目標が自然に生まれることはあるでしょう。

それは、自分自身を奮い立たせる起爆剤になります。そうやって生まれた目標には、何のストレスもプレッシャーも感じないはずです。

ただしそこには、まず生きるということが先にあります。「生きる」ということがあって初めて、二次的、三次的に目標が設定できるようになるのです。

目標というものは、本を読む時、目印のためにつける付箋のようなものだと思ってください。

読書する時、本に付箋を貼りながら読む人がいますが、付箋がなくても本を読むことはできます。本を読むことの本質は、その内容を自分が理解することにあるので、付箋を使おうが使うまいが本人の自由です。

付箋があれば、自分の感動した文章や覚えておきたい文章など、目指すポイントを探しやすいというメリットはあるでしょう。でもそれは、二次的、三次的な事柄にすぎません。

読書する人全員が、付箋を使わなければいけないわけではない。あってもなくてもいい。その程度の話です。

目標もこれと同じです。問題を味わっていくうちに、問題そのものが解決へと向かうように、人生を味わっていくと自然に目標が浮かび上がり、その方向へと向かっていきます。

それがわかっていれば、目標を探して一歩も進めず足踏みし続けることも、見せかけの目標に振り回されることもないでしょう。

自分に起こった出来事に、本当に出会っていく

人生に対する気づきが始まる瞬間。

それは、自分に起こった出来事を、本当に受け入れた瞬間です。

たとえば、大事故や大病、大失恋、大失敗をした時、「こんなはずではなかった」と言っているうちは、絶望しか感じられないでしょう。

しかしある時、「起こってしまったのだから、しょうがない。ここから始めなきゃ」と思えると、いろいろなつながりが結ばれ、いろんなことに気づき始めます。

起こった出来事に対して、自分がどう向き合うか。

それが、すべてです。

自分の人生に起こることとは、師匠のような存在であり、水先案内人のような役割を果たすと言えるかもしれません。


どんな出来事も、自分の人生に起こることは、すごいこと。これ以上のものは、な

いのではないでしょうか。

人の人生に起こった出来事や、人が学んだ教訓や人生論が、どんなに素晴らしいものであったとしても、自分自身の体験に比べればたいしたことではありません。

自分の体験をどれだけ自分のものにできるかは、その出来事と自分がどれだけ歩み寄れるかにかかっています。

時には、拒否したいと思ったり、わかったことにしてしまいたいと感じる出来事もあるでしょう。

しかし、そこで逃げずに、きちんと出会うことです。

自分に起こったケガや病気や失恋や失敗は、他の誰かに起こったケガや病気や失恋や失敗ではありません。

たとえそれがどんな出来事であったとしても、自分が出会ったことは、本当にすべてが「究極の出会い」だからです。

言い訳をせずに、しっかり向き合って、シンプルに出会ってみる。

そこから、あらゆることが始まっていきます。

名画を「所有」できるのは誰か

人間関係も、ものもお金も、また時間も、何ひとつ私たちに所有できるものはありません。多額の財産を、素晴らしい人脈を、高価な貴金属や車を、たとえ表面上は所有しているように見えても、**誰もが、いつかはすべて手放し、この世を去っていきます。**

たとえば、絵にまったく興味がない人が価値のある名画を所有していたとして、それは本当に「所有」していると言えるのか？

一方、絵を所有していなくても、その名画を見て心から感動して共振し、時を忘れて何時間もその絵の前で立ちつくす人がいたとしたら、その人は絵を所有している、絵と共振していると言えるでしょう。

建築物にも骨董品や芸術作品にも、音楽にも自然の風景にも、すべて同じことが言えます。人間は、そうやって地球のあらゆる事象を味わいつくすように生まれついています。

そこに自分が何を見出し、何を得て、何と共振していくかが重要なのです。

素晴らしい芸術作品や大自然を、探し求めなければならないわけではありません。

一日生きてみると、味わうべきものは、身の回りにたくさん転がっています。

通勤途中に見つけたちょっとした風景、ショーウインドウのさりげないディスプレイ、身近な人間模様、どんなものからでも、せつなさや美しさを味わうことができるでしょう。

味わうことは、共振のひとつの側面を表す一番身近な行為です。

人生を本当に味わっていけば、本を読みあさったり、セミナーを渡り歩いたりして、HOW TOをコレクションする必要はなくなります。

どんなに素晴らしいテクニックを知っていたとしても、あるいは自分の知っているテクニックを人に教えていたとしても、そんなことに意味はありません。HOW TO探しやHOW TO自慢に価値を見出しているのは、真剣に人生を味わおうとしていない証拠です。

HOW TOは、あなたをどこにも連れて行ってくれません。

水平移動をやめて垂直方向へ離陸する

河の向こう岸に目指している世界があるとします。

河にはボートがたくさんあり、みな、それに乗って向こう岸を目指します。

河を渡るためには、ボートが必要ですが、向こう岸に着いたら降りてください。いつまでもボートに乗っていたら、また引き返してしまいます。

快適なボートに長く乗っていると、ともすれば、乗っていること自体が目的化してしまいがちです。しかし、ボートに乗ることそのものは、あくまで手段であって目的ではありません。

川を渡る時は、どんなボートに乗ろうと自由です。自分に合ったボートを探せばいいだけです。ボートの性能や特徴を競うことに意味はありません。また、選んだボートが向こう岸に渡ることを約束してくれるわけでもありません。

それなのに、ボート探しやボート選びに一生懸命取り組んでいる人がいます。

彼らは、さまざまなＨＯＷ ＴＯに取り組み、しばらくすると、また次のＨＯＷ ＴＯへ出会ってそちらへ移っていきます。

ひとつひとつのボートは素晴らしいかもしれません。しかし、自分の乗るボートを吟味し続けている限り、永遠に水平方向にしか移動できません。

水平移動すら始めていない人が、まずボートに乗るところから始めることは大切です。しかしどんなボートに乗っても、必ずある程度のところで壁に当たるでしょう。

そこで大切なのは、垂直方向へ離陸できるということを知ることです。

実は、河の向こう岸はボートが離陸したその先にあります。

残念ながら、離陸はＨＯＷ ＴＯではありません。

このことに気づかない限り、ボート探しで人生が終わってしまいます。

自分が垂直方向へ離陸できるということ、ＨＯＷ ＴＯから自由になれるということに気づいた時、本当にそうなれるベクトルが誰にでも現れます。

そのベクトルは、初めから私たちに備わっているものだからです。

せつない誰かのそばに、そっといる

人生にとって、一番大切なのは「生きること」です。

瞑想やエクササイズをしたり、修行したりすることではありません。

もちろん、動的な日常の中で自分を見つめる時間は必要です。瞑想そのものが好きだというのであれば、そういった時間を持つのもいいでしょう。

しかし、生きることそのものを、おろそかにしてはいけません。

いろんな人と話し、いろんなことをやり、泣いたり笑ったりして生きること。それが人生です。

生きていれば、実にさまざまなことが起こってきます。

その中には、いいこともあれば、悪いこともある。

そこに巻き込まれず、かといって無関心にもならず、ただ味わっている。

それが、本当に価値のある生き方です。

人生はせつないのだから、そのせつなさをしみじみ味わう。

もし誰かがせつなさを味わっていたら、そっとそばに行って一緒にいる。

せつない時には誰が何を言ってもせつないのだから、黙ってお茶でも飲んでいる。

本当に「お互い様」なのだから、足を引っ張り合ったり非難し合ったりせずに、ナチュラルにいる。

そこにしみじみとした味わい深さが出てきます。

とってつけたような「修行」や「鍛錬」をしなくても、普段の暮らしの中でそうやって生きて、地球の上の人生を味わっていく。それで、十分です。

「生まれたからには、何かを成し遂げなければいけない」と思う人もいるかもしれません。

そんな思いは、他人や社会の目を意識した時に生まれたものです。

そこにこだわらなくても、人生をただ味わっていけば、眠っていた力が開いていきます。やりたいことが、一見、平凡な暮らしの中で展開していきます。

背伸びしたり力んだりしなくてもいい。ともにいる人と、今を味わっていくことです。すると、等身大のサイズで、自分の才能がちゃんと循環していくようになるのです。

「ベールの自分」を本当の自分だと思わない

等身大の人生を味わって生きる。

その生き方は、自分を甘やかすだけのゆるい生き方とは違います。「ありのままでいい」と勘違いした、危険な生き方とも違います。

自分が生まれ持ってきたものを、この地球で生かしていくことを忘れないでください。そうしないと、「ベールの自分」に、いつの間にか人生をからめとられてしまいます。

「ベールの自分」が本当の自分だと勘違いしていると、人生に困難が起こった時に、頭が真っ白になって対処できなくなってしまいます。あるいは、ポジティブ思考で考えようとして本質を見誤ってしまいます。

そして、いよいよ事態が悪化した時には、どこかから助けが来るかもとボーッとしたまま、永遠に来ない助けを待つだけの人になってしまいます。

どんな人の人生にも困難やトラブルはつきものですから、本当にその出来事と出会った後、必要であれば「逃げる」と決めてもいいでしょう。しかし、「ベールの自分」を自分自身と思っているうちは、その判断すらできません。

「ベールの自分」を、「偽りの自分」とか「仮面の自分」と呼ぶこともできます。「エゴ」と言う人もいるかもしれませんし、ネイティブアメリカンは「パラサイト（寄生虫）」という言い方をします。

しかし、それは決して抹殺しなければならない存在ではありません。

「ベールの自分」は、怖かったり、気味が悪かったりするだけの存在でもありません。かわいらしい自分だったり、素直な自分だったり、愛すべき自分だったりすることもあります。

また、自分を他者から個別化し、何かをクリエイトしていく時には、大事な自分の一部だったりもします。

ただし、それに乗っ取られないこと。本来の自分と自分もどきを混同しないことが大切です。自分を勘違いしていると、世界から孤立してしまいます。

本来の自分とは、宇宙の「ミネラル」と行き来してコラボできる、自由な存在なのです。

星々の「ミネラル」と同期する

宇宙の「ミネラル」とコラボレーションする。

これは、「習ったこと」にはないあり方です。

共振する人生を生き始めると、食べることで摂り入れるミネラル以外に、もうひとつのミネラルが生まれます。

遠く離れている星々のミネラルと体が同期して、体内でミネラルを生産するのです。

SF的に思えるかもしれません。しかし、人間にはそういうしくみが備わっています。

地球上には、何年間も食事をとらずに生きている人が実際にいますが、それは、このしくみを使っているからできることです。

遠い星々とコラボするなんてイメージが湧かないし、にわかには信じられないと感じる人もいるでしょう。

でも、果たして三次元的に離れていれば、本当に「遠い」のでしょうか？

人間という存在は、物理的な距離が関係ある世界と、まったく関係のない世界の両方を持っています。そこを意識して観察してみてください。

たとえば、ある人の家族が海外に単身赴任したとします。単身赴任した家族と、同居している家族。その人がどちらの家族と深く交流できるかなんて誰にもわかりません。

三次元的に離れていても、心と心を深く通い合わせることはいくらでもできます。逆に、隣にいるのに心は遠く離れている関係は、たくさんあります。

また、太陽だって相当遠い星ですが、私たちの世界は太陽の存在でいっぱいです。太陽がなければ、この地球では何ひとつ生きていくことはできません。

ここに物理的な距離が関係あるでしょうか。

太陽が星ならば、宇宙にあまたある星々も、もちろん、地球もひとつの星です。星々との距離が遠すぎるので、お互いに関わりを持つことなどできないという考え自体、既知のものにからめとられています。

人間は、物理的な制限を超え、自由に宇宙と共振していける存在なのです。

遠い約束を果たすために

すべての人は、遠い約束をして生まれてきています。

この世で、自分の持っているポテンシャルを発揮するという約束です。

そのポテンシャルとは、人間がつくった職業や社会活動で発揮するような性質のものではありません。**社会的な役割や立場をすべて外したところにある、もっと根源的な部分で、自分のエネルギーをこの世界に還元して生きるという能力です。**

持って生まれた潜在能力を、この世界で表現していくということ。そして、それまでは思ってもみなかったようなエネルギーを自分の中からあふれさせ、生きることの手応えを感じていくということ。

それが、人間が生まれる前に約束してきたことです。

遠い約束に気づき、それを果たすために社会があり、矛盾があり、あらゆる問題があります。

しかし今、人の意識では順番が逆になっています。

多くの人が矛盾を解消し、問題を解決することだけに四苦八苦しています。

だから、ほとんどの人が人生を本当に味わうことなく、架空のドラマを生きて一生を終えてしまうのです。

本当は、解決しなければと思い込んでいる問題のその奥に、宇宙と共振する可能性が秘められています。

古代から受け継がれてきた根源的な叡知と共振し、まったく新しい価値観を生きる可能性が秘められています。

けれども、既知のもの、後づけの知識を相手にして生きている限り、問題を解決するというループから抜け出すことはできません。

身につけたものにからめとられ、堂々巡りしている状態から出るには、少しの覚悟と勇気が必要です。

しかしそこから出てみると、本来備わっているものとの出会いがあります。

今まで思い込まされてきた世界とは、まったく違う世界が展開していきます。

その時、解決すべきだと思っていた問題のひとつひとつが、実は自分を導いていく鍵だったということに気づいていくでしょう。

瞬間を味わい、ハートで生きる

三つのセンターのバランスが取れて、世界との共振が起こり始めると、さまざまな感覚が開いていきます。そして予測不能なことが、日常や自分自身に起こり始めます。

しかし、ダイナミックな出来事や変化が起こらなければ、エキサイティングではないと思うのなら、それは勘違いです。

平凡な日常は退屈で、ドラマチックな人生がエキサイティングだと感じるのは、「高次元ほど素晴らしい」という価値観とどこか似ています。

ステーキとワインにしかないおいしさもあれば、ご飯と味噌汁にしかない味わいもある。どちらも比べられるものではありません。

感覚が研ぎ澄まされてくると、日常にあふれた何気ない出来事と、その瞬間瞬間で本当に出会っていくことができます。

平穏無事でいることを「平穏無事」という先入観で染めてしまわないことです。そうすれば当たり前の暮らしの中に、深く感動できる事柄は絶えず起こっています。

たとえば、食事をする時、普段は「いつものご飯」として何気なく食べるかもしれません。しかし、本当は「いつものご飯」など存在しないのです。同じお米で同じ炊き方をしていたとしても、そこには必ず個体差があります。

また、昨日の自分と今日の自分は違います。刷り込まれた情報に誘導されず、その瞬間瞬間を二度とない出会いとして、本当に味わっていく。そうやって味わううちに、結果として時に決まりきった日常から外れることも起こってくるのです。

自分が磨いた感覚以外のものにとらわれず、瞬間瞬間を味わいながら生きて初めて浮かび上がってくるもの。それが、その人のハートです。

ハートは瞑想だけして見つけるものでも、ワークショップやセミナーだけで得るものでもありません。**その人が自分自身の毎日の中で、縁のある存在たちと出会いながら、自ら発見していくものです。**

ハートは、あらゆるものを超えています。書き表すことなどできない。

起こることをただ味わって、ハートで生きていく。

その瞬間が重なって、ひとつの人生になっていく。

人類は、そういう生き方ができるところに来ています。

第7章

ただ見る。
真実は向こうからやってくる

私たちはすぐに解決するよう反応させられている

私たちは、現代という時代の真っ只中に生きています。その中で、嫉妬や虚栄心、競争心を否定したら、ただの理想論になってしまいます。しかし、それらが過剰になると病んでしまうのです。

自分が腐らずに生きていくためには、こうした余分なものを削ぎ落としていくことが重要だと知っておくことです。絶対的に大切なことは、削ぎ落とした時に立ち現れます。習うことのできないもの、経験では得られないもの、そうした「本当」に出会います。誰にでもチャンスがあります。

では、どうやれば削ぎ落とすことができるのか。

「削ぎ落とすために何かをしなければいけない」と考えると堂々巡りになります。削ぎ落とそうと意図したとたん、それは残ってしまうのです。

削ぎ落とすためには、ただ見るしかありません。

「ただ見るだけで削ぎ落ちるわけない」と思うかもしれません。しかし、ただ見ることに成功すると、本当に削ぎ落ちるのです。

生きていると、私たちは何かしら問題に見舞われます。その時、すぐ解決しようと反応します。

たとえば、どこかが痛いと、どうすれば痛みが取れるのかと、すぐに取り組もうとします。上司の機嫌が悪いと、「自分のせいだろうか」と心配になり、取り繕おうとするでしょう。取り繕うのは、自分が嫌な思いをしたくないからです。しかし、他人の機嫌は、どうにかしようとしてもコントロールできません。

多くの人が、問題を解決しようと取り組めば、なんとかなると思っています。しかし、問題は解決しようとすればするほど複雑になります。

私たちは、「問題を解決するよう反応させられている」という言い方もできます。

私たちがすべきことは、問題を解決しようとする前に、何が起こっているのかを深く受け止めること。本当に何が問題なのかを、ちゃんと見ることです。

ただ見るだけで、余計なものは自然に削ぎ落とされていきます。「捨てる」ということは、自然に起こることです。自然に起ころうとしているのに、解決しようと執着を持ってしまうと、それが止まってしまうのです。

食器洗いでも、つけ置きしておくと、時が来れば自然に剝がれますよね。

物事もそれと同じです。自分がすごいからでも、何かのおかげでもなく、**物事とい**

うのは、剥がれるべき時に自然に剥がれていくものです。柿が熟したら落ちるように、どんな問題も必ず終焉《しゅうえん》を迎えるのです。

だからできることは、ただ見るだけです。

落ちるものはちゃんと落ちます。落とせないものは残ります。

先入観は落ちます。なぜならそれは本当ではないからです。

第7章
ただ見る。真実は向こうからやってくる

取り組まないでただ見る

見つめることの究極が、「自分とは何か」という問いです。

しかし、理解の仕方によってはこの自分とは何かという問いそのものが、作為になってしまう可能性があります。

自分とは何か？　私。その「私」と思っているのは誰？　私。それは誰？　私……。

ラマナ・マハルシ（インドの覚者。１８７９〜１９５０）は、「私は誰かと問いなさい」と言いました。それが指し示すものは、「ありのままを見る」ということです。

ありのままを見るというのは、「本当に取り組まないで見る」ということなのです。

しかし、「取り組まないで見る」というと、どうすればいいかわからなくなり、みんなお手上げになります。

私たちは普段、目の前のものを認識する時、いつも推測しています。これはミネラルウォーターのボトル、これはお茶のボトル。知っているからそういう見方をします。

ただ、この見方は、「ただ見る」ことではありません。無意識に記憶や感覚を手繰り寄せ、取り組んでいます。

私の中では事実であっても、それは真実ではありません。見ようと取り組んで、推測すると、真実を見落としてしまうのです。

ありのままを見るということは、仕掛けません。向こうから来るのを待ちます。目がすることをやめるのです。すると、分析しようとしなくなります。そうして待っていると、向こうから来るのです。

「このパッケージはミネラルウォーターのボトルらしいものだ」などという分析をすべて捨てた時、向こうから来るのは、もはやミネラルウォーターでもお茶でもありません。

「ここにあるもの」、それが来るのです。

この状態になると、自分がつかまされているもの、巻き込まれているもの、推測させられているもの、勘違いさせられているもの、そういう「させられているもの」が削ぎ落とされます。目がそうであるなら、他の感覚器官もすべてそうなります。

自分に起こることをただ受け入れればいい

職場の上司の機嫌が悪いと、「俺、なんかしたかな」と、自分のせいかと思います。実は、上司は家族とケンカしただけかもしれない。しかし、部下はそうは受け取らず、ああなのかなこうなのかなと勝手に想像して不安になります。

その時、ただ見守るのです。余計なものがなくなれば、影響を受けなくなります。上司は「機嫌が悪い」それ以上でもそれ以下でもない。機嫌が悪いという事実があるだけです。ただ見守ると、そこに自然に対応できるようになります。

職場ではいろいろあるでしょう。仕事すべき時は仕事をし、休息する時は休息する。そして、ひとりでいられる時に、あらゆるものを起こるがままにする時間を持つのです。取り組まない。すると、先入観なしに、巻き込まれずに存在することができる。それが生き方のすべてに共通します。

確かに、自分に起こったことを受け入れるのは難しい。しかし、「ただ自分に起こってくるものを受け入れればいい」ということを、いつも頭の片隅に入れておくだけでいい。受け入れられない自分がいたら、それはそれでいい。それを見ていればいい

のです。

このやり方は非常に消極的な感じがしますが、自分の毎日の出来事こそが先生です。先生とは、どこかにいる偉い人のことではありません。

毎日起こることをただ受け入れていくと、「受け入れられること」と「受け入れられないこと」が出てきます。それが大事です。何かをしようと取り組まなければ、受け入れられないことも、受け入れられるようになります。すると、自然に対処が生まれてくるのです。

こうして、自分に起こることを受け入れていくと、自然に余計なものが削ぎ落とされ、やるべきことも向こうから来るようになります。「これを人に伝えたい」と思うものも、自然にやってきます。その時、ちゃんとキャッチできなかったら、余計なものを抱えているということです。

来たものはまずやってみる

「『何もしないこと』を俺はするから、やれと言われた仕事も俺はやらない」と言ったらクビになるだけです。自分で選んでそこにいるのだから、そういう筋の通らないことはしてはいけません。

仕事は、嫌だと思うこともやることです。

どんなものが来てもちゃんと自分の中に入れるのです。入れないと、それが嫌なのか嫌でないのか、やってみたら案外いけるのかやっぱりいけないのかがわかりません。やる前から悩むのは、解決しようとしていることです。解決しようとする前に、自分の中に入れてみるのです。

やってくることは、もう絶対それは「先生」なのです。

ただ、「絶対、乗り越えろ」ということではありません。よく人生は乗り越えられることしか起こらないと言いますが、そんなことはありません。できないことはたくさんあります。もちろん、テストがあるなら受けたほうがいい。現実を知ることができるからです。でも、テストで必ず100点を取らなければいけないわけではないのです。

やらない理由を考えるのではなく、来たものを自分の深くまで入れてみる。そうやって、自分から出てくるものに出会っていきます。自分から出てきたものも、外からやってきたものも同じです。そして、外からやってきたものを受け入れないと、内側から出てくるものにも出会えないのです。

やる前にはわかりません。それをマスターや占い師さんに、「今度の仕事、受けるべきですか」などと聞いていると、その人に人生を預けることになってしまいます。それは、試験でわからなくなると誰かにすぐ電話して聞くようなもの。

もちろん、迷った時、人にアドバイスを求めることは悪いことではありません。しかし、自分の人生のオプションの中に誰かの意見を参考にするということはあっても、誰かの意見に自分の大切な判断を委ねるべきではありません。

「ただ見ること」とやることとやらないことの中間

写真といえば、撮影したフィルムを紙にプリントするしかなかった、ほんの少し前の時代のことです。なかなか前に向いて人生を進めない人がいました。

「思い出なんかに浸ってないで、進むために捨てなさい」というアドバイスに、家にある写真を全部捨ててきたと言うのです。しかし、「全部捨てた」と言うわりには、話題が捨てた写真のことばかり。それは、捨てられていないということ。だから、「捨てなきゃよかったのに」と私は言いました。気にしているあいだは捨てられません。形だけ捨てても、余計なものが落ちるわけありません。

本当に、ただ見るのです。これが本当に見守る力です。

誰か応援したい人がいると、一日のうちの一定時間、「その人がこうなったらいい」と考えたり、働きかけたりするでしょう。しかし、ただ見るというのは、そういうことではありません。

子育てをしていても、つい親が何かしら手出しをしてしまいます。しかし、本当に親がやってしまうと、親のコピーか、あるいは親と真逆のキャラクターが出来上がるだけです。過剰な声がけも、時としてやり過ぎかもしれません。

正確に言うと、「やることとやらないことの中間」が、ただ見るということです。だけど大体は、やりすぎるか、やらなすぎるかになってしまいます。

上司が部下に何かやらせる時、一方的に「俺がやらせているんだ」という態度だと、最終的に業績は駄目になると思います。命令系統が成り立っているところでは、完全に逆の矢印があるべきです。命令した側も逆矢印をしっかり受け入れた時に、考えてもいなかったものが生まれるのです。

何か新しいものが生まれるのではないかと「期待して待つこと」は、「本当に待つこと」とは違います。やはり大抵の人は約束を取りつけて待つのです。これでは、大切なことを取り逃してしまうかもしれません。

とても難しいかもしれませんが、藁をもつかむような思いで、自分の中に発見することが大事だと思います。

過去の教訓が役に立たない時代に生きている

ではなぜ、取り組まないこと、見守ることが大切なのでしょうか。

台風といい豪雨といい、大きな時代の変わり目に起こることには、昔の教訓をも超えるものがあります。過去の気象条件ばかり追っていると、経験したことのない台風が来た時、私たちはなす術がありません。

時として私たちは、今まで経験したことのない領域に入ります。どういうスタンスで生きていても、今まで経験したことがないことを、世界中の人が突きつけられます。その時に自分はどうするのか。もはや過去に頼ることはできません。それを知っておかないといけないのです。

瞑想の中には、自分の能力をスキルアップするものや、自分の脳波を良くするものがあります。つまり、個人の能力を高める瞑想です。社会が安定し、前例が役に立つ時はそれでもいいでしょう。

けれども、社会が根底から変わっていく時代に、まったく未経験なことを突きつけられた時、自分や社会の記憶に倣《なら》っても、頼るものはそこにはありません。イメージ

瞑想ではなく、「私は誰か」ということを探求する真の瞑想が重要になってきます。

しかし気づいたら、私たちの周りには過去があふれているのです。確かに過去から推測する未来もありますが、今の時代はその軸ではありません。まったく全存在的に、いまだかつて起こったことがないところに自分が立たされ、どう生きるかが問われているのです。

「今ここ」とは過去のものは何も役に立たないということ

脳は、既に起こったことから考えて結論を出すことはできます。本を読んで「こうすればいいんだ」と理解すると安心します。でもそれは、何かに根差しているのです。今までにないことが起こった時にどうするかは、脳は知りません。ただ、本を読んでもうまくいかない状況がたくさんあることを、脳は理解できます。

先輩方の言うことを拝聴すべきなのはよくわかります。でもそれだけでは乗り越えていくのが難しい時があるのです。

現在のビジネスは、今まで続いてきているものの延長線上に成り立っています。その中でどう生きるのかといっても、システムありきの話です。

しかしこれからは、貨幣経済すらどうなるかわかりません。世界中のビジネスをつなぐものが、おそらく根底から変わらざるを得なくなるでしょう。

「私たちはどこに行くの？」と問うた時、本当に「そこ」というしかない。今までの軸で考えても太刀打ちできないところに向かっています。

だからこそ、いついかなる時も、どういうことがあっても生きられる、自分軸が重要になってきます。

かつて時代を切り拓いてきた方々がやってきたのは、過去の延長線上に乗っかった生き方ではありませんでした。

「今ここ」という言葉は安心と同義に聞こえるかもしれませんが、逆の言い方をすれば、「今ここ」とは「過去のものは何にも役に立たない」ところに立つことです。過去も未来もないところに立つと、何の保証もなくなります。しかし、何の保証もないところこそ、安心なのだということ。そもそも生きるというのは、そういうことではないでしょうか。

その覚悟があれば、新しい社会の価値観や新しいビジネスラインができたら、そこでもちゃんと生きることができるでしょう。時代が進めば、社会とはこういうもの、経済とはこういうものという固定概念の上に乗っかった生き方が出てきます。しかし今は、そういう時代ではないだろうということです。

本当のスピリチュアルに目を向ける時

自然界から、メッセージが押し寄せています。

たとえば、「今まで、こんな魚はここにはいなかった」と漁師さんは言い始めています。慣れ親しんできた漁場で取れる魚が変わってきているのです。

土を相手に生きた人は、気候が変わってきたので、これまでと同じやり方では同じ農作物は育たないと言っています。

自然を相手にして生きている人たちはいち早く察知します。

そういうところから、株式会社システムそのものが、恐らく根底から変わっていくでしょう。もはや「どんな世界が来るの?」と聞いている場合ではありません。

昨日までの防災知識に加えて大事になるのは、信じられる自分と出会うことです。

過去の文献やデータを当たって、自分が勉強すれば乗り切れる時代ではありません。そうではないポテンシャルが、人間にはあります。そのことを、昔からスピリチュアルの世界では説いてきたのです。

しかし、知らないうちに「スピリチュアル」というジャンルができてしまい、特殊なものだと認識されてしまいました。しかし、どの業界にも通底する、人がどの生き方をしても共通する根底にある何かに触れること、それこそが本当のスピリチュアルだと思うのです。

自分の身に起こること、自分の家に起こること、自分の会社に起こること、自分の国に起こること、自分の星に起こることを受け入れるということは、ダイレクトに根元につながります。

もちろん、大災害は来ないほうがいいかもしれません。しかし、もう押し寄せてきているではありませんか。見ないようにして生きることは簡単ですが、いよいよ来た時には遅いのです。

スピリチュアルがジャンルであるうちは、興味がないならやらないでもよかった。しかし「本当のスピリチュアル」というのは、どの分野にもある本質のことです。これからは、宇宙的に押し寄せているものを受け入れないと、乗り越えていくのは難しいでしょう。

「日本はいい国だ」と感じられる日本を残す

今や日本は、どんどん戦争に近づいているように見えます。

しかし、日本が生き残るためには、世界の軍事合戦に参加して莫大な予算を巻き上げられることではない。全世界の日本愛好家が「日本はいい国だ」と感じられる日本を残すことだと思います。

ＡＩでは届くことのできない領域がまだ残されています。そこに、人間のエネルギーは届くのです。その中で、安心してＡＩを駆使することが大切です。

人間の精神性をしっかり保ち、その精神性が生活に溶け込んでいる。そういう文化の人たちは、決してＡＩに巻かれずに、共存していく道を選ぶ。日本人にはそれしかないと思っています。

かつて、スピリチュアルの中でもサイキック能力を開発することが流行《はや》った時期がありました。それは探求の副作用であり、次元が上がれば誰でも持っている能力ですから、この世界でねだる話ではありませんし、日本が開花させる分野ではないと思います。

ほっとするような日本の手仕事の技術は、次元を超えてあらわれます。

たとえば日本の織物は「正中線」がなくては織れないのです。正中線を持つ人が生けた花を床の間に飾ったら、何気なく目に入ってきて、人の無意識にすっと語り掛け、無意識をクリーンにしてくれます。だから場が良くなるのです。

正中線の技というのは人にアピールするものではありません。そこにすっとあるだけで、意識に上らなくてもいい影響を与えます。そういう文化は半ば絶滅しそうなところに来ています。

「道」に生きると正中線が生まれる

「正中線」とは、自分を縦に貫くもので、そこにエネルギーが流れています。だからといって、エネルギーを流す修行を一生懸命することが大切なのではありません。姿勢を良くしましょうという教えでもありません。

正中線という身体文化は、武道や茶道、華道など「道」のつく世界にあります。ある人が生けた花には、その人の正中線が宿っています。「宇宙からのもの」が、ポンとあらわれるのです。けれども、体に「宇宙からのもの」があるわけではありません。

ある流派には、「煙が立ち上るがごとく正座から立つ」という教えがあります。ただ言葉だけ追いかけると訓練のようになります。姿勢ばかり追いかけても、心と体と魂がひとつになっていなければ、本質は表れてこないのです。

何気ない動作の中で、何とも言えない瞬間が来ます。しかし、何かが乱れると、正中線はすぐにはかなく消えてしまいます。「今に生きる」という言葉の意味は、そういうところからきています。抽象的な言葉ではなく、正中線があるということなのです。

正中線が通ることは、人から認められて得られるものでなく、そして、一度通ったからといって、この先もずっと通っている保証はありません。

このようにはかないものだからこそ、正中線が通った時にしか感じ得ないものがあります。

「道」に息づくものは真に人の心を打つ

かつて私は、ある御婦人のお宅に、定期的に伺っていた時がありました。彼女はいつもお茶を点《た》ててくれて、その後にセッションを始めるのがならいでした。ある時、同じくお茶をやっているという親友のお話をしてくれました。

その女性は店を経営していました。店の前のスペースには、いつも高校生たちがたむろしてたばこを吸っていました。彼女はそれが嫌なのですが、仕返しが怖くて注意できません。

「またきょうも来てる」。例によって高校生たちは、カップ麺の容器だけでなく、タバコの吸い殻まで散らかすという始末。

彼女には怖いという気持ちが絶えずあるのですが、その日は気づくと大胆にも「あなたたち、お茶をやったことある？」と話しかけていました。

一見、普通のたたずまいの女性ですが、その凛《りん》とした声に、ヤンキー座りをしていた高校生たちは、「えっ？　やったことないっす」と答えました。

「それなら二階へいらっしゃい」

「いいんすか？　何にも知らないっすよ」

「いいのよ」

高校生たちを二階にあげると、「そこに座りなさい」と言いました。高校生たちは「失礼します」と言って和室に入ると、ちゃんと正座をしたのです。

なんか偉そうな私がいる。でも、今までちゃんとお茶をやってきたのだから……。

女性は作法にのっとり、無心でお茶を点て始めました。

「最初は細かいことはいいから。でも、こうやるのよ」

作法を見た高校生らは「おお」と若い声を上げ、お茶を飲みました。

そしてほどなく彼らは号泣し始めたのです。

「どうしたの？」

「俺らは、こんなふうに人におもてなしされたことがないっす」

彼らは、言葉では表現できない何かを抱えて生きています。大人にはわからない孤独があるのです。それが、お茶の席に臨むことで、何かが心に触れたのでしょう。

「道」に伝わってきているものが、作法の形で彼らに響いたのだと思うのです。

たばこを吸っていたら、おばさんが「うちに入れ」と言ってお茶を点ててくれた。

それだけのことなのに、若者たちは「本当にありがとうございます」と号泣した。

その「ありがとうございます」という言葉を聞いた時、彼女は、「お茶の創始者から『お茶の道を選んでくれてありがとう』と言われたように感じた」と言うのです。

「また来ていいですか」

「もちろんよ」

こうして高校生たちとの交流が始まり、気づくと彼らの服装がどんどんまともになっていったそうです。

終始「あの人たちが怖い」と言っていたけれど、ちゃんと修業をしてきた彼女は、ある時思わず「お茶飲んで行く？」と誘っていました。そして作法通りに点てたお茶を、連中は何にも知らず、作法通りに飲んだだけです。

何かに真摯《しんし》に取り組むということは、先人が残したものを謙虚に受け取ること。それは形ではないけれど、形だからこそ伝わるものがある。多分きょうも、どこかでそんなことが起こっています。

日本は捨てたものではない、そう思えるところがまだまだある。それがある限り、日本人は大丈夫だと思うし、人類も、そして地球も大丈夫だと私は思うわけです。

ジェベの寓話

かつて、ジェベという男がいた。

彼は前半生を卓越した戦士として過ごした。その弓は、神技と呼ばれた。

ある時彼は弓を置く。彼に真理への渇望あり。

戦場をあとにし、『本当のこと』を求めて旅をし、ある聖山にたどり着く。

彼の願いは『存在』に出逢い、教えを伝授されること。

山中にて命懸けの修行六年。

しかし、何の成果もあらわれない。

ジェベは、失意のもと下山。

道中、鉄の塊を絹布で磨き続ける一人の女性と出会う。

「何をしているのですか」

ジェベのその問いに「針がどうしても必要なのです」とその女性。

「人間というものは、こんなにも意味ないものに時を費やす……。しかし、私にこの一途《いちず》さがあっただろうか」

ジェベは、何かにつき動かされ山に戻る。

三年が過ぎる。

ジェベに何事も起こらず、再び下山を決める。

下山道の一角でジェベは、一人の男と遭遇する。

その男は、巨石を相手に濡れた手拭いを打ち続けている。

男曰く、「この岩のせいでわが家に日が当たらない。岩が崩れてくれれば日が当たる」

「…………」

ジェベは、山に帰る。

さらに三年が流れる。

何事も起こらず。

しかし、ジェベは、もう迷わない。真っ直ぐに町へ下り、穏やかな日々を過ごした。

そんなある日の午後。

通りに一匹の犬がうずくまっている。

犬には前足しかなく、体は腐りかけている。それでも威厳を保とうと、時おり近づこうとする者たちに噛みつこうとしている。

ジェベは、その光景を見た途端、こころの泉が溢れ出す。思わずわが身を切り裂き肉片を差し出す。

さらにひざまずき、犬の体を喰らいつくそうとしている蛆虫《うじ》を払おうとする。

が、すぐ思いたち、蛆虫を潰さぬよう口で吸いだそうとした、その瞬間。七色の光の調和で満たされたその存在は、ジェベの元に現れる。

「どうして、十二年もの間あんなに必死で求めたのに、一度も来てくださらなかったのですか？」

ジェベの問いに存在は答える。

「わたしはいつもあなたのそばにいたではないか」

そしていつまでも沈黙は続く。

ジェベは、すべてを理解する。


ジェベは、存在を右肩に乗せ、町を歩く。

誰も気にとめる様子もなく通りゆく。

誰一人、気にとめる様子もなく通りゆく。

突如ある老婆がつぶやく。

「あんたの肩に老いぼれた犬の死骸が乗っかってるよ……」

P・ティライの物語

ティライはホテルマンだった。

ある時、同僚と二人で仕事をしていると、暴走したバスが突っ込んできた。同僚は即死。ティライは奇跡的に生き残ったが、そこから約二か月間、意識が戻らなかった。

ティライは新婚だった。にもかかわらず約二か月間、病室で寝たきり状態が続く。

それなのに彼は、夜中になると病室からいなくなるのだ。

妻は、大きな不安に襲われた。それは当然だろう。新婚なのに、夫は意識が回復するかどうかわからない。意識を回復しても、元の夫に戻るのかもわからない。そのうえ、夜中に夫がどこかへいなくなる。

不安がエスカレートしていくなか、妻はある決心をした。

この先どうなるかはわからない。しかし今の自分にできるのは、夜中にいなくなる夫のあとをつけて行き、何が起こっているのかを見極めることだけだ。

怖れを抱きつつもそう決めた。

そして、夫のあとをつけて行った妻が見たのは、常軌を逸する光景だった。

その地域では、各家庭で鶏を飼っていた。それは、籠をかぶせて飼うのが一般的なスタイルだった。

ティライは、目星をつけると籠を開ける。その瞬間、逃げていく鶏を野性的な動きで飛びかかり捕獲するのだった。奥さんがショックを受けたのはその後だ。

彼は、鶏の羽を口でむしりとると、生きたまま食べ始めた。それはもうあまりのスピードで、瞬く間に鶏は骨と化してしまった。

口中血だらけのティライは、しばらくその状態で不思議な動きをしたあと、また何羽かを捕獲して同じことを繰り返した。

そして夜が白み始めると、何事もなかったように歩いて病室に戻り、眠るのだった。

驚愕の事実を目撃した妻の不安は増大し、「私はこの人をこのまま看護し続けていいのだろうか」と迷い始めた。

＊　＊　＊　＊　＊

ちなみに後でわかることだが、ある島に、さまざまな人たちが集まってくるホーリーマウンテン（聖なる山）がある。どういう人たちかというと、シャーマンの素質を持った人たちで、その力を磨くために登ってくるのだった。

その山には、いにしえから伝わる儀式がいくつかあった。そのひとつが、ある状態になったシャーマンが生きた鶏に襲いかかるものだった。儀式を行う人々のあいだでも、これが何のための儀式なのか、いつの間にか忘れ去られて久しかった。

後にティライがこのホーリーマウンテンを訪れた時、「このようにトレーニングとして儀式を行うのは本来と違う」と言って、この伝統を封印し、他の儀式に変えた。

しかし、このときのティライは知る由《よし》もない。

＊　＊　＊　＊　＊

夜中の失踪が続いたある日、彼の意識が目覚めた。

鶏を捕獲することはなくなり、以前のティライに戻った。

ただ違う点は、以前とは何か違うような感覚を持っていたことだった。

退院した後、ティライと妻は、塩を売る婦人と出会いを果たす。そして、この婦人といろいろ話すようになった。婦人はティライに言った。

「人間にとって食はとても大事です。なぜなら食べるものは自分の心に影響するから。あなたは類《たぐい》まれな経験をし、これからの人生、自分の力を世の中に還元することが実際に起こってくる。もちろんホテルマンとして優秀な仕事をしているけれど、そういう仕事とはまったく違う。あなたの能力が直接人々に還元されるようになるでしょう。そのためにあなたは、食に気をつけなければいけない。食は心に作用するのに、あなたは食を少し軽視している。食は、自分と大自然をつなぐツール。そして、自分の身を支えているのは食。適当に食べるのではなく、自分にとって何がいい食なのかを見極めることが大切です」

このように塩売りの婦人は語った。そしてティライと妻は、考えつくまま思いつくまま体が求めるまま追求し、食に気をつけながら過ごすようになる。

三年の月日が流れると、ティライの体はとても健康になり、いまだかつてないほど良い状態になった。

今度は、ヤシの木に登って石を見つける青年に出会う。この青年は、雷が鳴った晩、さまざまなヤシの木を見て回る。そして翌朝、「この木だ」と直感が降りてきて、何の道具も使わずにヤシの木にものすごいスピードで登り、てっぺんから石を見つける。ヤシの木に登り石を見つけることで有名だったこの青年と出会いを果たす。

その彼がティライに語ったのは呼吸の話だった。

「ティライ、呼吸はとても大事です。大自然とより深く交流していこうと思ったら、食べ物に気をつけたのならば、次は呼吸を研究する必要があります。呼吸を極めることですね」

青年はその言葉を残して去っていった。そこからティライは呼吸の探求に入っていく。

そして数年がたった。今度は不思議な舞踊をする老人が現れる。その不思議な老人はティライの目を見つめて言った。

「人間は食べるものに支えられている。そして、それに見合った呼吸によって支えられている。でもそれだけではない。その奥にある第三のものこそが大切なのだ」

さらに老人は言った。

「個人差はあるが、食は、数日から数十日、食べなくても生命をつなぐことはできる。呼吸も、個人差はあるが、数分間しなくても死にはしない。ところがこの第三のものというのは、一瞬たりともなければ地球上で命をつなぐことはできないのだ。本当に大切なものは身近にあるが、人は取り逃がしてしまうんだよ」

＊　＊　＊　＊　＊

地球で仕事をすることにはさまざまなレベルがある。自分の食べるものが良くなれば、そのままのレベルで仕事をすることができるようになる。自分の呼吸がどんどん良くなったら、その呼吸のレベルで仕事をすることができるようになる。第三のものが自分に影響を与えるようになったら、果たしてどういうことになるだろうか。

物質は大自然の中を循環していく。振動数が高いものは物質的に荒く、振動数が低いものは物質的には希薄。それらが循環し合ってこの世界が成り立っている。

そのことを思うならば、食べ物は固形、呼吸は気体。そして、この老人の語る第三のレベルとは、一体何を意味するのだろう。

意識を変えようとよく言われるが、それは思っている内容が変わるだけで、意識自体の振動数が変わるわけではない。であるならば、本当に人が自分の意識を高めるということは、教えの内容がいいとかどうとかいうことよりも、もっと具体的なものに違いない。

ここからティライは、この第三のものとは何だと問う生活に入っていった。この第三のものというのは、自分でわかっていく以外に本当の理解はあり得ない。実際には、食に関しても呼吸に関しても、そして第三のものに関しても、概念だけではどうにもならない。自分が生きて、食べて、呼吸をして、仕事をして、そして自分の人生に起こることに直面して取り組んでいくべきものであり、言葉で表すことは到底できないものなのだ。

Kan.（かん）【天仙】

クンルンネイゴン継承者。古代より伝わるタオの教えを現代に伝えている。２００６年５月、世界初のクンルンティーチャーとして認定。２０１０年にはマックス・クリスチャンセン師父より、タオイスト究極の状態と言われるゴールデンドラゴンボディの達成を認められ、正式にクンルンネイゴンマスターの称号を受ける。道家の伝統では黄龍道人として知られている。著書『時空を超えて生きる　潜象界と現象界をつなぐ』（ナチュラルスピリット）。

新装版　問題は解決するな

2020年 7 月23日　初版発行
2022年11月 7 日　2 刷発行

著　者　Kan.
発行者　太田 宏
発行所　フォレスト出版
〒162-0824 東京都新宿区揚場町2-18白宝ビル7F
電話 03-5229-5750（営業）
電話 03-5229-5757（編集）
URL http://www.forestpub.co.jp/

印刷・製本　日経印刷株式会社

ISBN 978-4-86680-083-7 Printed in Japan

購入者
無料特典

[新装版]
問題は解決するな

本書をお読みくださったみなさんに、
スペシャル動画をプレゼント!

ありのまま、ただ見る。
特別レクチャー

本書『[新装版] 問題は解決するな』を読了なさったみなさんは、
見守ることの意義に共感していただけたかと思います。
「もう少し深く知りたい」と感じた方のために
著者・Kan. が「ありのまま、ただ見る」真髄を語りました。
セミナーはキャンセル待ち必至のタオ・マスター Kan.。
その動画をプレゼントいたします。

タオは世の中の常識にはおさまらない深い世界です。
あなたの次なる扉を開き、まったく違う価値観に誘います。
これまでの人生が変化するかもしれません。

---

*無料特典は Web 上で公開するものであり、CD・DVD などを
お送りするものではありません。

*上記特別プレゼントのご提供は予告なく終了となる場合がございます。
あらかじめご了承ください。

読者プレゼントを入手するにはこちらへアクセスしてください

http://frstp.jp/mondai